ぼくらの時代の罪と罰

増補新版
きみが選んだ死刑のスイッチ

森達也

ミツイパブリッシング

もくじ

第1章

第4章

第1章

裁くのは誰？

ルールの誕生

今《いま》から約《やく》四四〇万年前《まんねんまえ》、それまで暮《く》らしていた樹上《じゅじょう》から地上《ちじょう》に降《お》りてきた人類《じんるい》の祖《そ》先《せん》（ラミダス猿人《えんじん》）は、直立二足歩行《ちょくりつにそくほこう》を始《はじ》めると同時《どうじ》に、群《む》れで暮《く》らすようになってきたと考《かんが》えられている。

最初《さいしょ》は家族単位《かぞくたんい》だった群《む》れは、少《すこ》しずつ数《かず》を増《ふ》やしながら大《おお》きくなった。なぜなら地上《ちじょう》は樹《き》の上《うえ》よりも天敵《てんてき》が多《おお》い。一人だと食《た》べられてしまう。でもたくさんいれば、肉《にく》食獣《しょくじゅう》も簡単《かんたん》には襲《おそ》ってこないはずだ。他《ほか》の動物《どうぶつ》を獲物《えもの》として狩《か》るときも、一人よりも大勢《おおぜい》で手分《てわ》けしてやったほうが、大《おお》きな動物《どうぶつ》や足《あし》の速《はや》い動物《どうぶつ》をしとめることができる可能性《かのうせい》が高《たか》くなる。

こうして単独生活《たんどくせいかつ》が家族《かぞく》になり、一つの家族《かぞく》が二つになり、二つが三つになり、群《む》れの規模《きぼ》はどんどん大《おお》きくなった。

いくつかの群《む》れがまとまって、さらに大《おお》きな一つの群《む》れになるようなこともあっただろう。つまり合併《がっぺい》。ところがそうなると、群《む》れの中《なか》は気心《きごころ》が知《し》れた人《ひと》ばかりとはいかなくなる。家族《かぞく》や知《し》り合《あ》いなら我慢《がまん》はできても、見《み》も知《し》らない他人《たにん》だと我慢《がまん》できないことも多《おお》い。喧嘩《けんか》や仲《なか》たがいが多《おお》くなる。やがて人類《じんるい》は石器《せっき》などを使《つか》いはじめたから、諍《いさか》いがエスカレートしてかっとなって、思《おも》わず手《て》にしていた石器《せっき》で殴《なぐ》ってしまって、殺《ころ》し合《あ》いになることもあったかもしれない。それにチームワークが悪《わる》いと、狩《か》りもうまくできなくなり、平穏《へいおん》な生活《せいかつ》も難《むずか》しくなる。夜《よる》もぐっすり眠《ねむ》れない。天敵《てんてき》が怖《こわ》いから群《む》れを作《つく》ったのに、これでは逆効果《ぎゃくこうか》だ。

こうして人類《じんるい》は、集団《しゅうだん》で生活《せいかつ》するための取《と》り決《き》め（ルール）を作《つく》るようになった。その目的《もくてき》は、諍《いさか》いや争《あらそ》いをいさめるためだけではない。たとえばみんなが分担《ぶんたん》してやる狩《か》りのとき、いつも自分《じぶん》だけサボる人《ひと》がいるかもしれない。あるいはゴミを決《き》められた場所《ばしょ》ではなく、そこら中《じゅう》に捨《す》てる家族《かぞく》もいるかもしれない。

これは困《こま》る。だって集団生活《しゅうだんせいかつ》をしているのだ。周《まわ》りの人《ひと》たちが迷惑《めいわく》を受《う》ける。勝手《かって》な行動《こうどう》は許《ゆる》されない。

アジアの密林《みつりん》で生涯《しょうがい》のほとんどを一匹《ぴき》で生《い》きるトラには、守《まも》るべきルールはほとんどない。けれど同《おな》じネコ科《か》の肉食獣《にくしょくじゅう》でも、アフリカのサバンナで小《ちい》さな（家族単位《かぞくたんい》の）群《む》れを作《つく》って暮《く》らすライオンの場合《ばあい》は、多少《たしょう》のルールらしきものがあるらしい。

つまりルールとは、自分以外《じぶんいがい》の誰《だれ》か（他者《たしゃ》）との付《つ》き合《あ》い方《かた》なのだ。自分《じぶん》一人で生《い》きてゆくならルールは要《い》らない。でもヒトは、単独行動《たんどくこうどう》ではなく集団生活《しゅうだんせいかつ》を選択《せんたく》した。だからルールを大切《たいせつ》にする生《い》きものになった。

自分《じぶん》にとっては都合《つごう》がよくても、群《む》れの中《なか》の他《ほか》の誰《だれ》かや群《む》れ全体《ぜんたい》に損害《そんがい》を与《あた》えるような行為《こうい》は許《ゆる》されない。ところが「これをしてはいけない」と口《くち》で言《い》うだけでは効力《こうりょく》が薄《うす》い。人《ひと》にどう思《おも》われようと平気《へいき》だという人《ひと》に対《たい》しては、ルールを決《き》めるだけでは意味《いみ》がない。

サッカーでも野球《やきゅう》でもボクシングでも、スポーツにはすべてルールがある。そしてこのルールを守《まも》らなければ、ペナルティ（罰《ばつ》）を与《あた》えられる。サッカーの場合《ばあい》ならイエローカードが警告《けいこく》だ。同《おな》じ反則《はんそく》を何度《なんど》もくり返《かえ》すならば、今度《こんど》はより重《おも》いレッドカードになり、その選手《せんしゅ》は試合《しあい》から強制的《きょうせいてき》に排除《はいじょ》されたり、ボクシングなどの個人競技《こじんきょうぎ》ならば反則負《はんそくま》けの裁定《さいてい》を受《う》けることになる。なぜならそういう罰《ばつ》を決《き》めないと、何度《なんど》でも同《おな》じ反則《はんそく》をくり返《かえ》す人《ひと》が出《で》てくるから。

だからルールを破《やぶ》った人《ひと》に対《たい》しては、ルールを破《やぶ》ってはいけないことを示《しめ》すために、お仕置《しお》きや懲《こ》らしめなどの罰《ばつ》を与《あた》えなくてはならない。ルールを破《やぶ》ることは、結局《けっきょく》は得《とく》にならないのだということを、社会全体《しゃかいぜんたい》がきちんと理解《りかい》しなくてはならない。

共同生活《きょうどうせいかつ》を始《はじ》めたころ、人類《じんるい》は宗教《しゅうきょう》を持《も》ちはじめる。でも仏教《ぶっきょう》の宗祖《しゅうそ》（宗教《しゅうきょう》を興《おこ》した人《ひと》）であるブッダもキリスト教《きょう》の宗祖《しゅうそ》であるイエス・キリストもイスラム教《きょう》の宗祖《しゅうそ》であるムハンマドも、このころにはまだ生《う》まれていない。このころの人《ひと》たちは、風《かぜ》や火《ひ》や山《やま》や川《かわ》や石《いし》や海《うみ》など、あらゆる自然《しぜん》の現象《げんしょう》や物《もの》には、精霊《せいれい》が宿《やど》っているという宗《しゅう》教観《きょうかん》（アニミズムと呼《よ》ばれる）を持《も》っていたので、誰《だれ》かを傷《きず》つけたり誰《だれ》かの物《もの》を盗《ぬす》んだりすることと同様《どうよう》に、宗教的《しゅうきょうてき》なタブー（やってはいけないこと）を犯《おか》すことに対《たい》しても、とても厳《きび》しい罰《ばつ》が与《あた》えられることがよくあった。

こうして集団生活《しゅうだんせいかつ》のルールと宗教上《しゅうきょうじょう》のタブーを二つの柱《はしら》にしながら、「罪《つみ》と罰《ばつ》」という発想《はっそう》が生《う》まれる。ところがこの時期《じき》の罰《ばつ》は、今《いま》から考《かんが》えると、あまりに厳《きび》しすぎるものが多《おお》かった。

目には目を、歯には歯を

「目《め》には目《め》を、歯《は》には歯《は》を」というフレーズを、あなたもきっと聞《き》いたことがあると思《おも》う。

「タリオの法《ほう》」と呼《よ》ばれるこの取《と》り決《き》めは、古代《こだい》バビロニアの王《おう》であるハンムラビが発布《はっぷ》した世界最古《せかいさいこ》の法典《ほうてん》（「ハンムラビ法典《ほうてん》」）に記《しる》されている。もしもあなたが誰《だれ》かの目《め》をつぶしたのなら、あなたは罰《ばつ》として自分《じぶん》の目《め》をつぶされねばならない。誰《だれ》かの歯《は》を折《お》ったのなら、自分《じぶん》の歯《は》を折《お》られねばならない。

犯《おか》した罪《つみ》に等《ひと》しい罰《ばつ》を与《あた》えるということで「同害報復《どうがいほうふく》」と呼《よ》ばれるこのフレーズの印象《いんしょう》から、タリオの法《ほう》は復讐《ふくしゅう》を肯定《こうてい》しているとか、今《いま》は罰《ばつ》が軽《かる》すぎるなどと言《い》う人《ひと》は多《おお》いけれど、それはとても表面的《ひょうめんてき》な解釈《かいしゃく》だ。なぜならハンムラビ以前《いぜん》の時代《じだい》は、倍返《ばいがえ》しや一〇倍返《ばいがえ》しで刑罰《けいばつ》を決《き》めることが普通《ふつう》にあった。だからタリオの法《ほう》は、ゆきすぎた罰《ばつ》を与《あた》えることを戒《いまし》めるという意味《いみ》もあった。

もう一つ重要《じゅうよう》なこと。この世界最古《せかいさいこ》の法典《ほうてん》は、何《なに》が犯罪行為《はんざいこうい》であるかを明《あき》らかにすると同時《どうじ》に、これを犯《おか》した人《ひと》に対《たい》してあらかじめ決《き》められた刑罰《けいばつ》を与《あた》えることを示《しめ》している。つまり罰《ばつ》を与《あた》える前《まえ》に、どんな行為《こうい》が罪《つみ》になるのかを決《き》めておくことを定《さだ》めている。

その前《まえ》にも罪《つみ》と罰《ばつ》という概念《がいねん》はあったけれど、どんな行為《こうい》が罪《つみ》になるのか、そしてどの程度《ていど》の罰《ばつ》を受《う》けるのかなどは、きちんと決《き》められていなかった。特《とく》にそのころの社会《しゃかい》では、規範《きはん》や道徳《どうとく》などが宗教的《しゅうきょうてき》なタブーや慣習《かんしゅう》などと分《わ》けられないままにルールになっていた。同《おな》じようにルール違反《いはん》をしても、そのときの村《むら》の長老《ちょうろう》や宗教指導者《しゅうきょうしどうしゃ》や支配層《しはいそう》にいる人《ひと》の考《かんが》え方《かた》や気分《きぶん》などで、罰《ばつ》の種類《しゅるい》や程度《ていど》に差《さ》があった。あるいは同《おな》じルール違反《いはん》をしても、みんなに好《す》かれている人《ひと》は軽《かる》い罰《ばつ》で済《す》んだのに、嫌《きら》われている人《ひと》は重《おも》い罰《ばつ》になることだってあったかもしれない。

これはやはり不公平《ふこうへい》だ。だから文明《ぶんめい》が少《すこ》しずつ成熟《せいじゅく》するとともに、「犯《おか》してはならない罪《つみ》」と「罪《つみ》に対応《たいおう》する罰《ばつ》の程度《ていど》」をきちんと定《さだ》めておくというルールが決《き》まってきた。

これを「罪刑法定主義《ざいけいほうていしゅぎ》」という。つまり罪《つみ》と刑罰《けいばつ》が、法律《ほうりつ》によってあらかじめ定《さだ》められていること。これは近代司法《きんだいしほう》の大原則《だいげんそく》だ。

裁くのは人だ

近代的《きんだいてき》な罪刑法定主義《ざいけいほうていしゅぎ》の起源《きげん》ともいえるハンムラビ法典《ほうてん》だけど、実《じつ》はタリオの法《ほう》（同害報復《どうがいほうふく》のルール）が、当時《とうじ》のすべての人《ひと》に対《たい》して平等《びょうどう》に適用《てきよう》されたわけではない。対《たい》

罪と罰を定めておくルール

等《とう》な身分同士《みぶんどうし》の場合《ばあい》に限《かぎ》られていた。たとえば奴隷《どれい》が主人《しゅじん》に被害《ひがい》や損害《そんがい》を与《あた》えたときは、実際《じっさい》の被害《ひがい》や損害《そんがい》よりもずっと重《おも》い罰《ばつ》を与《あた》えられることは普通《ふつう》だった。うっかり主人《しゅじん》の家畜《かちく》を逃《に》がしてしまっただけで、死罪《しざい》になるようなこともあったようだ。なぜならこの時代《じだい》の人々《ひとびと》は、人権《じんけん》や平等《びょうどう》の思想《しそう》を知《し》らない。奴隷《どれい》の命《いのち》の価値《かち》は主人《しゅじん》の命《いのち》の価値《かち》より低《ひく》いことが当《あ》たり前《まえ》だった。

でも古代《こだい》バビロニア時代《じだい》から四〇〇〇年近《ねんちか》くが過《す》ぎて、人類《じんるい》は様々《さまざま》な歴史《れきし》を重《かさ》ねながら、ようやく人権《じんけん》や平等《びょうどう》の思想《しそう》を獲得《かくとく》した。世界中《せかいじゅう》で奴隷制度《どれいせいど》はほぼ廃止《はいし》されて、民主国家《しゅこっか》であるならば、総理大臣《そうりだいじん》だろうがパン屋《や》さんだろうが映画監督《えいがかんとく》だろうが無職《むしょく》であろうが、命《いのち》の価値《かち》はみな同《おな》じだ。

これを大前提《だいぜんてい》にして、犯《おか》した罪《つみ》に対《たい》して相応《そうおう》の罰《ばつ》を決《き》めるために、裁判《さいばん》が行《おこな》われる。このとき裁《さば》かれる罪《つみ》は、すべて過去《かこ》に起《お》こったことだ。だから犯罪《はんざい》や争《あらそ》いを裁《さば》く（刑罰《けいばつ》を決《き》める）とき、裁《さば》かれる被告人《ひこくにん》も含《ふく》めて多《おお》くの人《ひと》の証言《しょうげん》や証拠《しょうこ》を集《あつ》め、そのうえで罰《ばつ》を決《き》める。でも証人《しょうにん》や証拠《しょうこ》がなかなか見《み》つからない場合《ばあい》がある。そもそも、罪《つみ》を

民主国家なら命の価値はみな同じ

犯《おか》したとして逮捕《たいほ》されて起訴《きそ》された人《ひと》（被告人《ひこくにん》）が、実際《じっさい》に罪《つみ》を犯《おか》したかどうか明確《めいかく》ではない場合《ばあい》もある。

なぜなら人《ひと》はまちがいを犯《おか》す生《い》きものだ。司法《しほう》に携《たずさ》わる仕事《しごと》を選《えら》んだ裁判官《さいばんかん》や検察《けんさつ》官《かん》、弁護士《べんごし》だって、早《はや》とちりしたり勘違《かんちが》いしたりまちがえたりする可能性《かのうせい》は常《つね》にある。実際《じっさい》に、罪《つみ》に相応《そうおう》しない刑罰《けいばつ》を決《き》めてしまったり、罪《つみ》を犯《おか》していない人《ひと》に対《たい》して刑《けい》罰《ばつ》を与《あた》えることを決《き》めてしまったりする事例《じれい》は、現在《げんざい》の裁判《さいばん》においても決《けっ》して少《すく》なくない。

疑わしきは罰せず

近代司法《きんだいしほう》における刑事裁判《けいじさいばん》は、大原則《だいげんそく》である罪刑法定主義《ざいけいほうていしゅぎ》によって、被告人《ひこくにん》が犯《おか》した罪《つみ》（犯罪行為《はんざいこうい》）に対《たい》して、この程度《ていど》の刑罰《けいばつ》（量刑《りょうけい》）がふさわしいという規定《きてい》が法《ほう》で決《き》められている。

でもこの規定《きてい》には幅《はば》がある。同《おな》じような犯罪行為《はんざいこうい》の場合《ばあい》でも、罪《つみ》を犯《おか》した人《ひと》に科《か》される刑罰《けいばつ》の重《おも》さは、様々《さまざま》な要素《ようそ》や事情《じじょう》を考慮《こうりょ》しながら決《き》められる。

たとえば、他人《たにん》の持《も》ちものや財産《ざいさん》を盗《ぬす》んだ場合《ばあい》は、刑法第《けいほうだい》二三五条《じょう》において「一〇年以下《ねんいか》の懲役又《ちょうえきまた》は五〇万円以下《まんえんいか》の罰金《ばっきん》に処《しょ》する」と規定《きてい》されている。つまり、（一カ月《げつ》以上《いじょう》）一〇年以下《ねんいか》の懲役《ちょうえき》と（一万円以上《まんえんいじょう》）五〇万円以下《まんえんいか》の罰金《ばっきん》という二つの幅《はば》の中《なか》から、どのような刑罰《けいばつ》にするかを裁判《さいばん》で決定《けってい》する。だって同《おな》じ窃盗《せっとう》でも、一〇〇円《えん》ショップでジュースを万引《まんび》きした人《ひと》と銀行《ぎんこう》を襲撃《しゅうげき》して数億円《すうおくえん》のお金《かね》を盗《ぬす》んだ人《ひと》が同《おな》じ刑罰《けいばつ》でよいはずがない。どれほど社会《しゃかい》を騒《さわ》がせたのか、どれほど悪質《あくしつ》なのか、どれほど多《おお》くの人《ひと》に被害《ひがい》を与《あた》えたのか、被告人《ひこくにん》はどれほど反省《はんせい》しているのか、あるいはしていないのか、こうした多《おお》くの要素《ようそ》を総合的《そうごうてき》に判断《はんだん》して、適正《てきせい》な刑罰《けいばつ》を決《き》めなくてはならない。

この判断《はんだん》をするのは、最終的《さいしゅうてき》には裁判官《さいばんかん》という「人《ひと》」なのだ。たとえば反省《はんせい》の様子《ようす》をどう評価《ひょうか》するかについても、明確《めいかく》な基準《きじゅん》などないのだから、裁判官《さいばんかん》によって評価《ひょうか》も違《ちが》うはずだ。

芥川龍之介《あくたがわりゅうのすけ》の『藪《やぶ》の中《なか》』は、今昔物語集《こんじゃくものがたりしゅう》の『具妻行丹波国男於大江山被縛語《めをぐしてたんばのくににゆくおとこおおえやまにしてしばらるること》』を下敷《したじ》きにした短編小説《たんぺんしょうせつ》だ。深《ふか》い藪《やぶ》の中《なか》で殺人事件《さつじんじけん》が起《お》きたあとに、その場《ば》にいた七人の証言者《しょうげんしゃ》が、それぞれ自分《じぶん》が見《み》た事件《じけん》の真相《しんそう》を語《かた》る物語《ものがたり》。七人の中《なか》には、（巫女《みこ》によって呼《よ》び出《だ》された）殺《ころ》された男《おとこ》の魂《たましい》までが入《はい》っている。ところが殺人事件《さつじんじけん》の真相《しんそう》や犯人《はんにん》について質問《しつもん》したら、七人の証言《しょうげん》がまったく食《く》い違《ちが》う。結局《けっきょく》は最後《さいご》まで、誰《だれ》が真犯人《しんはんにん》で何《なに》が真相《しんそう》なのかわからないという物語《ものがたり》だ。

自分《じぶん》の身《み》の回《まわ》りで起《お》こったことを、僕《ぼく》たちは見《み》たり聞《き》いたりして理解《りかい》する。でも実《じつ》は、感覚器官《かんかくきかん》である目《め》や耳《みみ》は絶対《ぜったい》に正《ただ》しいわけではない。むしろとても多《おお》く、見《み》まちがいや聞《き》きまちがいを起《お》こす。

それに目《め》で見《み》る光景《こうけい》は、たとえ見《み》まちがいではなくても、どこから見《み》るかでぜんぜん違《ちが》うものになる。黒板前《こくばんまえ》の先生《せんせい》の位置《いち》からはみんな真面目《まじめ》に授業《じゅぎょう》を受《う》けているように見《み》えるとしても、同《おな》じときに教室《きょうしつ》の後《うし》ろから見《み》たら、机《つくえ》の上《うえ》に立《た》てた教科書《きょうかしょ》のかげで弁当《べんとう》を食《た》べている〇〇くんが見《み》えるかもしれないし、膝《ひざ》の上《うえ》でこっそりと漫画《まんが》を読《よ》

罪の重さはどうやって決まるの？

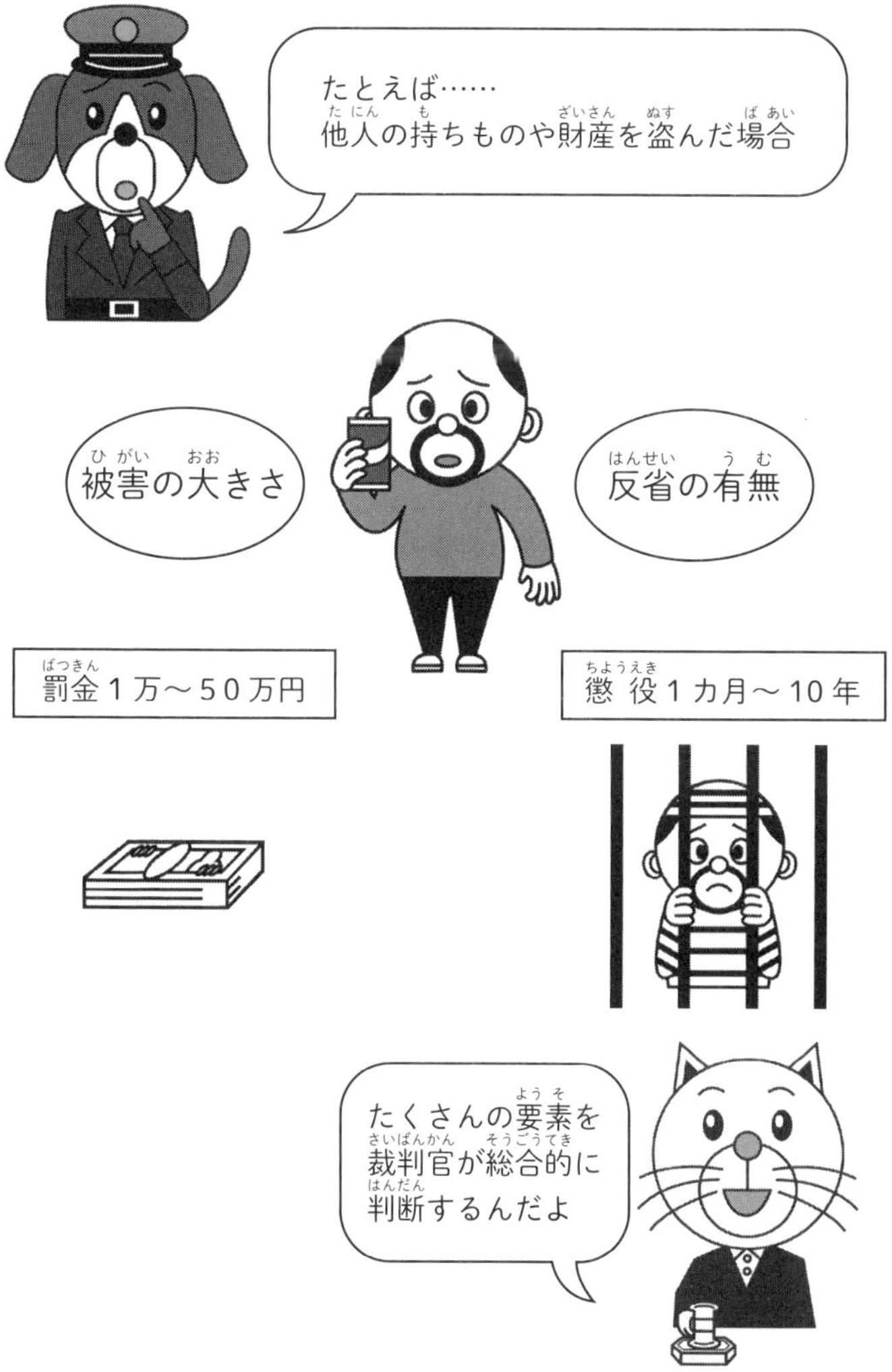

んでいる△△さんが見《み》えるかもしれない。

つまり、実際《じっさい》に何《なに》が起《お》きたかをあとから一〇〇パーセント正確《せいかく》に知《し》ることは、ほぼ不可能《ふかのう》だと思《おも》ったほうがいい。

人《ひと》を裁《さば》くということは、とても不確《ふたし》かなことを材料《ざいりょう》にしてとても不確《ふたし》かな判断《はんだん》を下《くだ》すということと、ほぼ同《おな》じ意味《いみ》を持《も》つ行為《こうい》なのだ。だから近代《きんだい》に至《いた》るまでの司法《しほう》(裁《さい》判《ばん》)の歴史《れきし》は、過《あやま》ちと判断《はんだん》ミスの歴史《れきし》だった。この日本《にほん》だけでも、とても多《おお》くの司法《しほう》判断《はんだん》のミスがあった。いや、過去形《かこけい》ではない。今《いま》だってたくさんある。

その判断《はんだん》ミスのもっとも代表的《だいひょうてき》な例《れい》が、罪《つみ》を犯《おか》していない人《ひと》に罰《ばつ》を与《あた》えてしまう「冤罪《えんざい》」だ。

犯《おか》した罪《つみ》に対《たい》して罰《ばつ》を与《あた》える。それは社会《しゃかい》を維持《いじ》するうえでとても大切《たいせつ》なこと。でももちろん、罪《つみ》を犯《おか》していない人《ひと》に罰《ばつ》を与《あた》えてはいけない。それは当然《とうぜん》だとあなたも思《おも》うはずだ。

なぜなら犯罪行為《はんざいこうい》に対《たい》する刑罰《けいばつ》はとても厳《きび》しい。トイレ掃除《そうじ》や運動場《うんどうじょう》三周《しゅう》のレベルではない。何年《なんねん》も刑務所《けいむしょ》に入《はい》らねばならないから、学校《がっこう》に通《かよ》えなくなるし会社《かいしゃ》からも解雇《かいこ》される。さらに、日本《にほん》には死刑制度《しけいせいど》があるから、場合《ばあい》によっては処刑《しょけい》されるかもしれない。

その罰《ばつ》の理由《りゆう》とされた罪《つみ》が、「実《じつ》は勘違《かんちが》いであなたは無関係《むかんけい》でした」ではとても困《こま》る。

「黒か白か」はまちがい

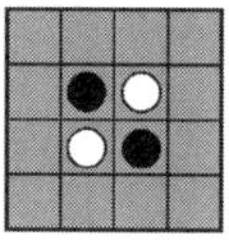

黒《くろ》か白《しろ》か。僕《ぼく》たちはこのフレーズをよく使《つか》う。このフレーズを裁判《さいばん》にそのまま使《つか》えば、「有罪《ゆうざい》か無罪《むざい》か」ということになる。

でもそれがまちがいであることを、僕《ぼく》はあなたに知《し》ってほしい。これを英語《えいご》で言《い》うときは、guilty《ギルティー》 or《オア》 not《ノット》 guilty《ギルティー》というフレーズがよく使《つか》われる。guilty《ギルティー》の意味《いみ》は「有罪《ゆうざい》」。つまりこのフレーズの訳《やく》は「有罪《ゆうざい》か有罪《ゆうざい》でないか」。司法《しほう》において「黒《くろ》」の対義語《たいぎご》は「白《しろ》」ではない。「黒《くろ》」の対義語《たいぎご》は「黒《くろ》ではない」なのだ。だから「灰色《はいいろ》（グレー）」

も「黒《くろ》ではない」に含《ふく》まれる。この違《ちが》いはとても大《おお》きい。

裁判《さいばん》において被告人《ひこくにん》の側《がわ》は、innocent《イノセント》（無罪《むざい》）であることを証明《しょうめい》する必要《ひつよう》はない。not《ノット》 guilty《ギルティー》（有罪《ゆうざい》ではない）であることを示《しめ》せば、自動的《じどうてき》に無罪《むざい》と認定《にんてい》される。明《あき》らかに有罪《ゆうざい》だと証明《しょうめい》されないかぎり、その人《ひと》は罰《ばっ》せられることはない。

日本《にほん》のことわざならば「疑《うたが》わしきは罰《ばっ》せず」。あるいは「疑《うたが》わしきは被告人《ひこくにん》の利益《りえき》に」。どちらも多少《たしょう》の疑《うたが》いがあるくらいでは、その人《ひと》に刑罰《けいばつ》を与《あた》えてはならない（有罪《ゆうざい》と認定《にんてい》してはならない）という原則《げんそく》だ。これを「無罪推定原則《むざいすいていげんそく》」という。

近代司法《きんだいしほう》は、誰《だれ》かを犯人《はんにん》と断定《だんてい》する際《さい》には、とにかく慎重《しんちょう》であることを要求《ようきゅう》する。その結果《けっか》として本当《ほんとう》は有罪《ゆうざい》なのに無罪《むざい》にしてしまうことがあっても、無罪《むざい》を有罪《ゆうざい》にしてしまうことだけは絶対《ぜったい》にあってはならないと考《かんが》える。

なぜこのような考《かんが》え方《かた》が定着《ていちゃく》したのか。その理由《りゆう》は、かつて多《おお》くの人《ひと》たちが、まったく無関係《むかんけい》の罪《つみ》で厳罰《げんばつ》に処《しょ》せられてきたという歴史《れきし》があるからだ。また同時《どうじ》に、誰《だれ》かを誤《あやま》って犯人《はんにん》にしてしまうということは、そこで捜査《そうさ》を打《う》ち切《き》ることでもあるのだか

裁判は「黒」か「白」かではない
「黒」か「黒ではない」かを判断する

ら、真犯人《しんはんにん》の捜査《そうさ》がもう行《おこな》われなくなるということでもある。それは社会《しゃかい》にとっても大《おお》きな不利益《ふりえき》だ。

「罪刑法定主義《ざいけいほうていしゅぎ》」と「無罪推定原則《むざいすいていげんそく》」。この二つの理念《りねん》は、近代民主主義国家《きんだいみんしゅしゅぎこっか》の司法《しほう》にとっては、とても重要《じゅうよう》なルールだ。だからこれについては、章《しょう》を改《あらた》めてまた書《か》くつもりでいる。

ここまでのことを、いったんまとめよう。

人《ひと》はその進化《しんか》の過程《かてい》で、単独《たんどく》ではなく群《む》れで生《い》きることを選択《せんたく》した。つまり集団《しゅうだん》。あるいは共同体《きょうどうたい》。一人なら勝手気《かってき》ままに自由《じゆう》に生《い》きればいい。でも集団《しゅうだん》はそうはゆかない。自分《じぶん》と他者《たしゃ》、あるいは他者《たしゃ》と他者《たしゃ》との関係《かんけい》を、道徳《どうとく》や規範《きはん》、ルールなどの決《き》まりごとで、規定《きてい》することが必要《ひつよう》になった。

それでも、ルールを守《まも》れない人《ひと》が出てくる。だからこれらの道徳《どうとく》や規範《きはん》、ルールに違反《いはん》する人《ひと》に対《たい》しては、罰《ばつ》を与《あた》えることもルールとなった。なぜなら罰《ばつ》を決《き》めないと、違反行為《いはんこうい》が減《へ》らないからだ。

こうして生《う》まれた罪《つみ》と罰《ばつ》の概念《がいねん》が、やがて明文化《めいぶんか》されて法律《ほうりつ》（刑法《けいほう》）となった。

法《ほう》は最初《さいしょ》から決《き》まっていたものでもないし、もちろん神《かみ》さまが決《き》めたものでもない。集団生活《しゅうだんせいかつ》を選《えら》んだ人類《じんるい》が、できるだけトラブルのない毎日《まいにち》を過《す》ごすため、自分《じぶん》たちの安全《あんぜん》を守《まも》るため、他人《たにん》とどのように付《つ》き合《あ》えばいいかを示《しめ》すものが法《ほう》なのだ。

法も変わる

人《ひと》が決《き》めたものなのだから、法《ほう》は時代《じだい》によって変《か》わる。たとえばこの日本《にほん》でも、江《え》戸幕府第五代将軍徳川綱吉《どばくふだいごだいしょうぐんとくがわつなよし》によって発布《はっぷ》された「生類憐《しょうるいあわ》れみの令《れい》」により、すべての動物《どうぶつ》を殺《ころ》してはならないとされた時代《じだい》があった。違反《いはん》した場合《ばあい》の処罰《しょばつ》も相当《そうとう》に厳《きび》しかったから、綱吉《つなよし》が病《やまい》で死《し》ぬまでのおよそ二〇年《ねん》のあいだ、特《とく》に江戸《えど》に暮《く》らす人々《ひとびと》は、魚釣《さかなつ》りすらできなかったという（実際《じっさい》には隠《かく》れてやっていたようだけど）。

昔《むかし》だけの話《はなし》ではない。今《いま》も世界《せかい》にはいろいろ奇妙《きみょう》な法律《ほうりつ》がある。たとえばアメリカのコネチカット州《しゅう》では、「日没後《にちぼつご》に後《うし》ろ向《む》きに歩《ある》いてはいけない」という法律《ほうりつ》があるらしい。フランスでは、「豚《ぶた》にナポレオンと名付《なづ》けてはならない」とする法律《ほうりつ》があると言《い》われているし、カナダのノバスコシア州《しゅう》では「タクシーの運転手《うんてんしゅ》はTシャツを着用《ちゃくよう》してはいけない」とする法律《ほうりつ》があるという。

まだまだいくらでもある。何《なに》かの冗談《じょうだん》のようだけど、みんな実際《じっさい》の法律《ほうりつ》だ。たぶんこれらの法律《ほうりつ》が作《つく》られたとき、何《なん》らかの理由《りゆう》や事情《じじょう》があったのだろう。たとえばアメリカのコネチカット州《しゅう》では、日《ひ》が暮《く》れてから後《うし》ろ向《む》きに歩《ある》いていて、怪我《けが》をした人《ひと》が実際《じっさい》にいたのかもしれない。

もう一度《いちど》言《い》うよ。法《ほう》は人《ひと》が作《つく》る。だから法《ほう》を守《まも》ることは重要《じゅうよう》だけど、法《ほう》は時代《じだい》や状況《じょうきょう》によって変《か》わる。でもいったん定《さだ》めてしまうと、法《ほう》はなかなか変《か》わらない。だから時《とき》おり矛盾《むじゅん》が生《しょう》じる。

ただし、矛盾《むじゅん》しているからすぐ変《か》えろというわけにはゆかない。なぜなら僕《ぼく》やあな

まとめ

「罪《つみ》と罰《ばつ》」は、集団生活《しゅうだんせいかつ》から生《う》まれた

- ☞人《ひと》は進化《しんか》の過程《かてい》で、集団生活《しゅうだんせいかつ》を選択《せんたく》した。
- ☞集団内《しゅうだんない》で、約束《やくそく》ごと（道徳《どうとく》や規範《きはん》やルール）が必要《ひつよう》になった。
- ☞約束《やくそく》ごとを破《やぶ》る人《ひと》には、罰《ばつ》を与《あた》えることになった。だって罰《ばつ》を決《き》めないと、違反行為《いはんこうい》が減《へ》らないから。
- ☞こうして罪《つみ》と罰《ばつ》の概念《がいねん》が生《う》まれ、法律《ほうりつ》（刑法《けいほう》）になった。

ただけでは、矛盾《むじゅん》しているかどうかを決《き》められない。社会《しゃかい》の合意《ごうい》が必要《ひつよう》だ。クラスで決《き》めたことを変《か》えるときにも、勝手《かって》には変《か》えられない。みんなで話《はな》し合《あ》わなければならない。

権力って何？

あなたは剛田武《ごうだたけし》くんを知《し》っているだろうか。あだ名《な》はジャイアン。『ドラえもん』に登場《とうじょう》するガキ大将《だいしょう》。身体《からだ》は大《おお》きいし力《ちから》も強《つよ》い。とても自己中心的《じこちゅうしんてき》で、自分《じぶん》の思《おも》うとおりにならないと、すぐに腕力《わんりょく》に訴《うった》える。

けっこう友人思《ゆうじんおも》いでいいところもあるのだけど、それはそれとして、このジャイアンがもしも総理大臣《そうりだいじん》になったとしたら、と考《かんが》えてほしい。たぶんその国《くに》は、かなりめちゃくちゃなことになる。だって腕力《わんりょく》だけではなくて、いろいろな権力《けんりょく》までもがジャイアンに公式《こうしき》に与《あた》えられるのだから。

……と書《か》いてから、「そう言《い》えば『権力《けんりょく》』って何《なん》だっけ」とふと思《おも》う。あなたはわかる？　権力《けんりょく》の意味《いみ》。腕力《わんりょく》は腕《うで》の力《ちから》。権力《けんりょく》は権《けん》の力《ちから》。権《けん》ってなんだ。今《いま》これを書《か》いている僕《ぼく》にもよくわからない。普段《ふだん》からよく使《つか》ったり読《よ》んだりする言葉《ことば》だけど、この意味《いみ》をちゃんと説明《せつめい》できる人《ひと》は意外《いがい》に少《すく》ないのでは、と思《おも》う。

そんなものかもしれない。実《じつ》のところ普段《ふだん》からよく使《つか》っている言葉《ことば》って、あらためて考《かんが》えると、意味《いみ》を正確《せいかく》に把握《はあく》していないことが多《おお》い。

権力《けんりょく》の意味《いみ》を辞書的《じしょてき》に書《か》けば（あわてて調《しら》べた）、「他人《たにん》を強制《きょうせい》し服従《ふくじゅう》させる力《ちから》」ということになる。誰《だれ》かに「これをしろ」と強制《きょうせい》する力《ちから》。あるいは「それはするな」とさせない力《ちから》だ。だから権力《けんりょく》は、「支配《しはい》」や「統治《とうち》」などの言葉《ことば》と意味《いみ》がとても近《ちか》い。

ジャイアンと国家

権力《けんりょく》という言葉《ことば》は、国家《こっか》や政治《せいじ》の力《ちから》として使《つか》われることが多《おお》い。たとえば町内会《ちょうないかい》の規則《きそく》でゴミを捨《す》てる場所《ばしょ》を決《き》めたとしても、これに従《したが》わない人《ひと》に刑罰《けいばつ》を科《か》すことはできない。だからこれは、権力《けんりょく》とは少《すこ》し違《ちが》う。でもこのルールが、町内会《ちょうないかい》ではなく国家《こっか》の取《と》り決《き》め（法《ほう》）として定《さだ》められたのなら、これに従《したが》わない人《ひと》に対《たい》しては罰金《ばっきん》などのペナルティや刑罰《けいばつ》が与《あた》えられる。なぜならそれまでのルールに、強制力《きょうせいりょく》（権力《けんりょく》）という後《うし》ろ盾《だて》が与《あた》えられるからだ。

国家《こっか》は、法《ほう》を決《き》める制定権《せいていけん》だけではなく、警察《けいさつ》や軍隊《ぐんたい》など治安維持《ちあんいじ》のために武器《ぶき》と強制力《きょうせいりょく》を与《あた》えられた組織《そしき》や、政府《せいふ》や官僚《かんりょう》など実際《じっさい》に政治《せいじ》を進《すす》める行政権《ぎょうせいけん》を独占的《どくせんてき》に保《ほ》有《ゆう》することで、実効的《じっこうてき》な統治権《とうちけん》を確保《かくほ》している。

……………少《すこ》し文章《ぶんしょう》が難《むずか》しくなってしまった。

もう少《すこ》しわかりやすく書《か》けば、国家《こっか》は国民《こくみん》に対《たい》して、法《ほう》で決《き》められたことを守《まも》るように強制《きょうせい》する力《ちから》を、唯一持《ゆいいつも》っている存在《そんざい》であるということだ。

国家《こっか》の意味《いみ》を辞書的《じしょてき》に書《か》けば、「一定《いってい》の限《かぎ》られた地域内《ちいきない》に住《す》む人《ひと》たちの集団《しゅうだん》が、自分《じぶん》たちの生命《せいめい》の安全《あんぜん》と生活《せいかつ》の保障《ほしょう》を求《もと》めて形成《けいせい》した政治的《せいじてき》な共同社会《きょうどうしゃかい》」ということになる。要《よう》するにあなたにとっての国家《こっか》は、あなたが暮《く》らすこの日本国《にほんこく》だ。

つまり国家《こっか》や政治《せいじ》が有《ゆう》する権力《けんりょく》の意味《いみ》は、国境《こっきょう》などで区切《くぎ》られた一定《いってい》の範囲《はんい》の住民《じゅうみん》すべてに、法《ほう》を守《まも》ることを強制《きょうせい》する力《ちから》ということになる。

ならば国家《こっか》は、どのような手段《しゅだん》を使《つか》って、国民《こくみん》に法《ほう》を守《まも》らせているのだろう。

ジャイアンは圧倒的《あっとうてき》な腕力《わんりょく》で、スネ夫《お》やのび太《た》に自分《じぶん》に従《したが》うことを強制《きょうせい》する。実《じつ》は国家《こっか》も同《おな》じようなものだ。なぜなら国家《こっか》は法《ほう》を守《まも》らない人《ひと》に対《たい》して、治安権力《ちあんけんりょく》を使《つか》って逮捕《たいほ》したり、自由《じゆう》を制限《せいげん》したり、処罰《しょばつ》したりすることができる。たとえその人《ひと》がその法《ほう》に納得《なっとく》していなくても、その人《ひと》の意思《いし》にかかわらず、これを強制的《きょうせいてき》に実施《じっし》することができる。

警察《けいさつ》は銃《じゅう》などの武器《ぶき》によって支《ささ》えられた強制力《きょうせいりょく》を国民《こくみん》に対《たい》して使《つか》うことができるけれど、軍隊《ぐんたい》は国民《こくみん》の生命《せいめい》と安全《あんぜん》を守《まも》ることを前提《ぜんてい》に、その力《ちから》を（主《おも》に）国外《こくがい》に向《む》かって使《つか》うことができる。

つまり、国家《こっか》は「暴力《ぼうりょく》」を使《つか》うことを許《ゆる》されている。

もちろん治安権力《ちあんけんりょく》における暴力《ぼうりょく》は、誰《だれ》かが誰《だれ》かをいじめたり、傷《きず》つけたり、殺《ころ》したりする意味《いみ》の暴力《ぼうりょく》とは少《すこ》し違《ちが》う。この場合《ばあい》の暴力《ぼうりょく》は、自由《じゆう》を制限《せいげん》したり拘束《こうそく》したりすると同時《どうじ》に、これに従《したが》わない人《ひと》や組織《そしき》に対《たい》して行使《こうし》できる武力的《ぶりょくてき》な力《ちから》だ。だからこそ国民《こくみん》の合意《ごうい》は前提《ぜんてい》だ。でも、言《い》うことを聞《き》かなければひどい目《め》にあわせるぞ、という意味《いみ》では、本質《ほんしつ》はジャイアンとあまり変《か》わらない。たとえば軍隊《ぐんたい》や警察《けいさつ》も、今《いま》のミャンマーとかシリアとか香港《ほんこん》などを例《れい》に挙《あ》げるまでもなく、暴走《ぼうそう》して自国民《じこくみん》を攻撃《こうげき》する場合《ばあい》はとても多《おお》い。

だからこそ二〇世紀初頭《せいきしょとう》のドイツの社会学者《しゃかいがくしゃ》であるマックス・ウェーバーは、国家《こっか》を「合法的《ごうほうてき》に暴力《ぼうりょく》を独占《どくせん》するもの」として定義《ていぎ》した。

暴力《ぼうりょく》にさらされることは、ほとんどの人《ひと》にとって、とてもいやなことだ。自由《じゆう》を制《せい》限《げん》されたり、罰金《ばっきん》を支払《しはら》わされたり、狭《せま》い部屋《へや》に閉《と》じ込《こ》められて自由《じゆう》を奪《うば》われることは、誰《だれ》だって避《さ》けたいはずだ。

だから人《ひと》は法《ほう》を守《まも》る。国家《こっか》による暴力《ぼうりょく》（処罰《しょばつ》）を受《う》けることがいやだからだ。

警察《けいさつ》は国民《こくみん》に対《たい》して、
軍隊《ぐんたい》は国外《こくがい》に向《む》けて
力《ちから》を使《つか》うことができるよ

独裁と弾圧

もしもジャイアンが今《いま》の性格《せいかく》のままに総理大臣《そうりだいじん》に選《えら》ばれたとしたら、独裁者《どくさいしゃ》になってしまうかもしれない。こうなると誰《だれ》も逆《さか》らえない。

世界《せかい》の歴史《れきし》には、こんな人《ひと》は大勢《おおぜい》いた。たとえば大勢《おおぜい》の奴隷《どれい》を使《つか》って万里《ばんり》の長城《ちょうじょう》を築《きず》いた秦《しん》の始皇帝《しこうてい》や、大勢《おおぜい》のキリスト教徒《きょうと》を迫害《はくがい》して残虐《ざんぎゃく》に処刑《しょけい》したと言《い》われるローマ帝国《ていこく》の皇帝《こうてい》ネロ、ナチスの総統《そうとう》であるヒトラー、イタリアのファシスト党《とう》のムッソリーニ、旧《きゅう》ソ連《れん》で多《おお》くの人《ひと》や政敵《せいてき》を粛清《しゅくせい》したスターリン。アフリカのウガンダで多《おお》くの人《ひと》を殺《ころ》したアミン大統領《だいとうりょう》。

日本《にほん》にも大勢《おおぜい》いる。織田信長《おだのぶなが》に豊臣秀吉《とよとみひでよし》。もう少《すこ》し時代《じだい》をさかのぼって、平清盛《たいらのきよもり》や源　頼朝《みなもとのよりとも》だって、ある意味《いみ》で独裁者《どくさいしゃ》だ。

独裁者《どくさいしゃ》は個人《こじん》とはかぎらない。たとえば日本《にほん》が大日本帝国《だいにほんていこく》だった時代《じだい》の軍部《ぐんぶ》、十字《じゅうじ》軍《ぐん》や異端審問《いたんしんもん》のころのカトリック教会《きょうかい》、文化大革命時代《ぶんかだいかくめいじだい》の中国共産党《ちゅうごくきょうさんとう》、ポル・ポトが率《ひき》いていたカンボジアのクメール・ルージュなど、思想《しそう》や宗教《しゅうきょう》などを独占的《どくせんてき》に保持《ほじ》する組織《そしき》にすべての権力《けんりょく》が集中《しゅうちゅう》する場合《ばあい》も、ほぼろくなことにはならない。

絶対王政《ぜったいおうせい》や封建国家《ほうけんこっか》、独裁国家《どくさいこっか》に全体主義《ぜんたいしゅぎ》、一党独裁《いっとうどくさい》や軍事政権《ぐんじせいけん》。

……時代《じだい》や地域《ちいき》や仕組《しく》みは様々《さまざま》だけど、これらの政治形態《せいじけいたい》に共通《きょうつう》することは、大《おお》きな権力《けんりょく》が、個人《こじん》や政党《せいとう》など一つのものに集中《しゅうちゅう》して、統治《とうち》される多《おお》くの人《ひと》たちが、それによってもたらされる圧政《あっせい》や暴政《ぼうせい》、弾圧《だんあつ》や迫害《はくがい》に、とても苦《くる》しんだということだ。

ジャイアンが総理大臣《そうりだいじん》になったなら、国民《こくみん》はすべて彼《かれ》の好物《こうぶつ》であるピーマンを食《た》べることを強制《きょうせい》されるかもしれない。学校《がっこう》の給食《きゅうしょく》は週《しゅう》に一回《かい》、ジャイアンの創作料理《そうさくりょうり》のジャイアン・シチューを強制《きょうせい》される。素材《そざい》はひき肉《にく》にたくあん、塩《しお》からにジャム、煮《に》干《ぼ》しと大根《だいこん》に蟬《せみ》の抜《ぬ》け殻《がら》、これを完食《かんしょく》しないと重罰《じゅうばつ》に処《しょ》せられる。

さらにテレビでは月《つき》に一回《かい》、ジャイアン・リサイタルが放送《ほうそう》される。この時間帯《じかんたい》に国民《こくみん》は絶対《ぜったい》に番組《ばんぐみ》を観《み》なければならない。もしも観《み》なければ、スネ夫率《おひき》いる親衛隊《しんえいたい》に捕《つか》まって、重罰《じゅうばつ》を受《う》けることになる。アニメならばドラえもんが何《なん》とかしてくれる。でもしも現実《げんじつ》の社会全体《しゃかいぜんたい》がこの状態《じょうたい》になったら、と想像《そうぞう》してほしい。まるで悪夢《あくむ》のような状況《じょうきょう》だ。

こんな国家体制《こっかたいせい》はおかしいと声《こえ》をあげれば、それだけで逮捕《たいほ》される。独裁政治《どくさいせいじ》をやめさせようと集《あつ》まって話《はな》し合《あ》えば、やっぱりそれだけで逮捕《たいほ》されて投獄《とうごく》される。拷問《ごうもん》は当《あ》たり前《まえ》。体制《たいせい》を変《か》えるための計画《けいかく》を話《はな》し合《あ》っていたことが発覚《はっかく》しただけで、全員《ぜんいん》が処刑《しょけい》されることだってあるかもしれない。

昔の日本もそうだった

はるか昔《むかし》の話《はなし》ではないし、遠《とお》い異国《いこく》の話《はなし》でもない。たとえば二〇世紀前半《せいきぜんはん》のこの国《くに》も、まさしくそんな時代状況《じだいじょうきょう》にあった。

明治維新《めいじいしん》によって近代国家《きんだいこっか》となった日本《にほん》は、それまでの江戸幕府《えどばくふ》が鎖国体制《さこくたいせい》をとっていたこともあって、欧米先進諸国《おうべいせんしんしょこく》に一日でも早《はや》く追《お》いつくことを目標《もくひょう》にした。

そこで現《あらわ》れたのが、「富国強兵《ふこくきょうへい》」政策《せいさく》だ。資本主義的《しほんしゅぎてき》な制度《せいど》と近代技術《きんだいぎじゅつ》を取《と》り入《い》れた経済発展《けいざいはってん》を何《なに》よりも優先《ゆうせん》して進《すす》め、石炭採掘《せきたんさいくつ》など重要《じゅうよう》な産業《さんぎょう》を国家《こっか》によって保護育成《ほごいくせい》し、さらに徴兵制度《ちょうへいせいど》を採用《さいよう》して軍事力《ぐんじりょく》を強化《きょうか》しようとした。

これによって日本《にほん》は、明治維新《めいじいしん》からたった半世紀《はんせいき》で、欧米列強《おうべいれっきょう》と肩《かた》を並《なら》べる資本主義国家《しほんしゅぎこっか》になった。ところが富国強兵政策《ふこくきょうへいせいさく》をあまりに強引《ごういん》に短《みじか》い期間《きかん》で進《すす》めたために、欧米諸国《おうべいしょこく》が長《なが》い歴史《れきし》の中《なか》で培《つちか》ってきた人権意識《じんけんいしき》をしっかりと持《も》つことができないまま、日本《にほん》は国家《こっか》として成長《せいちょう》してしまった。

つまり形《かたち》は近代的《きんだいてき》だったが、肝心《かんじん》の中身《なかみ》は封建的《ほうけんてき》なままだった。

だからこそ大正時代《たいしょうじだい》になって第《だい》一次世界大戦《じせかいたいせん》が終《お》わったとき、このままではいけないとする動《うご》きが民衆《みんしゅう》のあいだに広《ひろ》がった。それらはのちに「大正《たいしょう》デモクラシー」と呼《よ》ばれるようになるが、この風潮《ふうちょう》も昭和《しょうわ》に入《はい》ってから、力《ちから》をつけてきた軍部《ぐんぶ》によって押《お》しつぶされてしまう。

この時代《じだい》の日本《にほん》は、大日本帝国憲法《だいにほんていこくけんぽう》（明治憲法《めいじけんぽう》）によって、天皇《てんのう》にとても大《おお》きな権力《けんりょく》が与《あた》えられていた。昭和《しょうわ》一六年《ねん》（一九四一年《ねん》）、陸軍大臣《りくぐんだいじん》だった東條英機《とうじょうひでき》が、昭和《しょうわ》天皇《てんのう》から第《だい》四〇代内閣総理大臣《だいないかくそうりだいじん》に任命《にんめい》される。つまり軍《ぐん》のトップが行政府《ぎょうせいふ》のトップも兼任《けんにん》した。同時《どうじ》にこの年《とし》、日本《にほん》はイギリスとアメリカに宣戦布告《せんせんふこく》して、太平洋戦争《たいへいようせんそう》に突入《とつにゅう》した。もちろんそれは、総理大臣《そうりだいじん》である東條《とうじょう》の判断《はんだん》だ。

その後《ご》も東條《とうじょう》は、内務大臣《ないむだいじん》に外務大臣《がいむだいじん》、文部大臣《もんぶだいじん》、商工省大臣《しょうこうしょうだいじん》、軍需産業強化《ぐんじゅさんぎょうきょうか》のために設立《せつりつ》された軍需省大臣《ぐんじゅしょうだいじん》、さらに参謀総長《さんぼうそうちょう》までも兼任《けんにん》した。つまり（天皇《てんのう》は別枠《べつわく》として）すべての権力《けんりょく》を手中《しゅちゅう》にした。

昭和《しょうわ》一九年《ねん》（一九四四年《ねん》）、Ｂ29が本土《ほんど》にまで爆撃《ばくげき》のために飛来《ひらい》するようになってから、東條《とうじょう》は内閣総辞職《ないかくそうじしょく》に踏《ふ》み切《き》り、権力《けんりょく》を手放《てばな》した。でも遅《おそ》かった。このあとに東京《とうきょう》大空襲《だいくうしゅう》や、広島《ひろしま》・長崎《ながさき》への原爆投下《げんばくとうか》が行《おこな》われ、何《なん》十万《まん》もの人々《ひとびと》の生命《せいめい》が犠牲《ぎせい》になった。

権力の集中

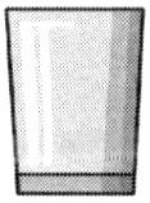

ここに書《か》いたのは、一つの史観《しかん》だ。つまり歴史《れきし》の見方《みかた》。どこから光《ひかり》を当《あ》てるかで、まったく違《ちが》う面《めん》を歴史《れきし》は表《あらわ》す。歴史《れきし》だけではない。僕《ぼく》たちの感覚《かんかく》も同様《どうよう》だ。見《み》ているけれど見《み》ていない面《めん》がある。自分《じぶん》の視点《してん》を通《とお》した認識《にんしき》で、僕《ぼく》たちは世界《せかい》を解釈《かいしゃく》している。

旧石器時代《きゅうせっきじだい》に生《い》きていたネアンデルタール人《じん》を二人、タイムマシンを使《つか》って今《いま》の時《じ》代《だい》に連《つ》れてきたとする。一人にはガラスのコップを横《よこ》から見《み》せて、「これはコップだよ」と教《おし》え、もう一人には同《おな》じガラスのコップを真下《ました》から見《み》せて、「これはコップです」と教《おし》えたとする。

このとき、それぞれのネアンデルタール人《じん》にとっての「コップ」は、透明《とうめい》で硬《かた》そうな材料《ざいりょう》からできていることは共通《きょうつう》するけれど、その形《かたち》はまったく違《ちが》うものになる。もう一度《いちど》タイムマシンに乗《の》せられて自分《じぶん》たちの時代《じだい》に戻《もど》ってから、一人は「コップとは透明《とうめい》で硬《かた》そうな材料《ざいりょう》からできていて四角形《しかくけい》だった」と言《い》い、もう一人は「コップとは透明《とうめい》で硬《かた》そうな材料《ざいりょう》からできていて丸《まる》いものだった」と言《い》うだろう。

どちらも嘘《うそ》はついていない。でもどこからどう見《み》るかで、物事《ものごと》はこれほどに変《か》わる。何《なに》よりも形《かたち》を見《み》ただけでは、コップは水《みず》などを入《い》れて飲《の》む道具《どうぐ》だということがわからない。つまり本当《ほんとう》に大切《たいせつ》なことがわからない。

陸軍大臣《りくぐんだいじん》だった東條《とうじょう》が総理大臣《そうりだいじん》に任命《にんめい》された背景《はいけい》には、戦争《せんそう》に積極的《せっきょくてき》な軍部《ぐんぶ》を東《とう》條《じょう》の力《ちから》で押《お》さえつけることを昭和天皇《しょうわてんのう》が期待《きたい》したからだ、との説《せつ》がある。本当《ほんとう》のところは誰《だれ》にもわからないけれど、この見方《みかた》（史観《しかん》）をする歴史《れきし》の研究者《けんきゅうしゃ》はかなり多《おお》い。でも結果《けっか》として東條《とうじょう》はアメリカとの開戦《かいせん》に踏《ふ》み切《き》って、アジア全域《ぜんいき》に侵攻《しんこう》し、国内《こくない》外《がい》含《ふく》めて二〇〇〇万人《まんにん》以上《いじょう》の命《いのち》が犠牲《ぎせい》になった。

なぜなら権力《けんりょく》が彼《かれ》に集中《しゅうちゅう》したからだ。仮《かり》に東條《とうじょう》がどれほど高潔《こうけつ》で立派《りっぱ》な人《ひと》だったとしても、権力《けんりょく》が一点《いってん》に集中《しゅうちゅう》してしまうと、このように取《と》り返《かえ》しがつかないほど悲惨《ひさん》な事態《じたい》になってしまうのだ。だからそうならないような仕組《しく》みを考《かんが》えねばならない。それが民主国家《みんしゅこっか》へのプロセスだ。

僕たちの基本的人権

こうして敗戦《はいせん》の翌年《よくねん》である昭和《しょうわ》二一年《ねん》（一九四六年《ねん》）に、それまでの大日本帝国憲《だいにほんていこくけん》法《ぽう》にかわって、「日本国憲法《にほんこくけんぽう》」が公布《こうふ》された。

日本国憲法《にほんこくけんぽう》の特徴《とくちょう》について、ものすごく簡単《かんたん》にまとめてしまえば、外《そと》に向《む》かっては「絶対的《ぜったいてき》な平和主義《へいわしゅぎ》」を宣言《せんげん》し、内《うち》に向《む》かっては、「人権《じんけん》の尊重《そんちょう》と国民主権《こくみんしゅけん》という二つの原理《げんり》によって保障《ほしょう》される民主主義《みんしゅしゅぎ》を実行《じっこう》する」こととなる。

絶対的《ぜったいてき》な平和主義《へいわしゅぎ》については、憲法第《けんぽうだい》九条《じょう》でこの国《くに》は、いっさいの軍備《ぐんび》を持《も》たないことを宣言《せんげん》した。でも結局《けっきょく》は自衛隊《じえいたい》という軍事力《ぐんじりょく》を保有《ほゆう》してしまったから、その解釈《かいしゃく》でいつももめている。

基本的人権《きほんてきじんけん》とは、どんな人《ひと》でも生《う》まれながらにして必《かなら》ず持《も》つと同時《どうじ》に、他人《たにん》に譲《ゆず》り渡《わた》すことができない権利《けんり》だと考《かん》えればよい。たとえば生《い》きる権利《けんり》であり、よりよい生《せい》活《かつ》や幸福《こうふく》を目指《めざ》す権利《けんり》などでもある。日本国憲法《にほんこくけんぽう》はこの権利《けんり》を、絶対《ぜったい》に侵《おか》されてはならない権利《けんり》として規定《きてい》する。

国民主権《こくみんしゅけん》とは、主権《しゅけん》は国民《こくみん》にあるという原理《げんり》のことだ。つまり国家《こっか》のために国民《こくみん》があるのではなく、国民《こくみん》のために国家《こっか》があるということ。国民主権《こくみんしゅけん》を実現《じつげん》するために日《に》本国憲法《ほんこくけんぽう》は、第《だい》一章《しょう》で天皇《てんのう》を「国民統合《こくみんとうごう》と国家《こっか》の象徴《しょうちょう》」とする象徴天皇制《しょうちょうてんのうせい》を掲《かか》げ、第《だい》二章《しょう》で戦争《せんそう》の放棄《ほうき》と戦力《せんりょく》の不保持《ふほじ》を誓《ちか》い、そして第《だい》三章《しょう》で基本的人権《きほんてきじんけん》の尊重《そんちょう》や法《ほう》の下《もと》の平等《びょうどう》、思想《しそう》・良心《りょうしん》や信教《しんきょう》の自由《じゆう》などを謳《うた》う。

憲法《けんぽう》は日本国《にほんこく》の最高法規《さいこうほうき》（国《くに》の最高《さいこう》の決《き》まり）に位置《いち》づけられているから、この下《か》位規範《いきはん》である法律《ほうりつ》や条令《じょうれい》、国家《こっか》の行為《こうい》は、憲法《けんぽう》に反《はん》することはできない。もしも反《はん》したと見《み》なされるならば、すべて無効《むこう》とされる。

なぜ無効《むこう》とされるのか。ここはあなたに覚《おぼ》えておいてもらいたい大切《たいせつ》なこと。

憲法は日本国の最高法規

ほとんどの法令《ほうれい》は、僕《ぼく》やあなた（つまりすべての国民《こくみん》）を規制《きせい》するものだ。ところが憲法《けんぽう》は普通《ふつう》の法令《ほうれい》とは向《む》きが違《ちが》い、国民《こくみん》が国家《こっか》を規制《きせい》するために存在《そんざい》する。なぜなら主権《しゅけん》は国民《こくみん》にあるからだ。歴史《れきし》が示《しめ》すように国家権力《こっかけんりょく》は、うっかり目《め》を離《はな》すと増長《ぞうちょう》し暴走《ぼうそう》して、多《おお》くの人《ひと》を殺《あや》めるような失敗《しっぱい》を犯《おか》すことがある。日本《にほん》だけではない。世《せ》界中《かいじゅう》の国《くに》や民族《みんぞく》はこれを体験《たいけん》している。

だから国家《こっか》は、絶対《ぜったい》に憲法《けんぽう》には逆《さか》らえない。そして憲法《けんぽう》を変《か》えるためには、国民《こくみん》の多《おお》くの賛成《さんせい》が必要《ひつよう》になる。

現在《げんざい》はほとんどの民主主義国家《みんしゅしゅぎこっか》が、基本的人権《きほんてきじんけん》や国民主権《こくみんしゅけん》などの理念《りねん》に基《もと》づいて、それぞれに国《くに》の憲法《けんぽう》を制定《せいてい》している。一つ一つの条項《じょうこう》は国《くに》によって違《ちが》うが、主権《しゅけん》を持《も》つ国民《こくみん》が国家《こっか》を規制《きせい》するために憲法《けんぽう》は作《つく》られたということは共通《きょうつう》している。国民《こくみん》の主権《しゅけん》（意思《いし》）は、国民《こくみん》が選《えら》んだ議員《ぎいん》によって構成《こうせい》される議会《ぎかい》で実行《じっこう》される。そのための手続《てつづ》きとして、誰《だれ》もが平等《びょうどう》に一票《ぴょう》を持《も》つ普通選挙《ふつうせんきょ》が実施《じっし》されている。

基本的人権《きほんてきじんけん》の尊重《そんちょう》、国民主権《こくみんしゅけん》の原則《げんそく》、普通選挙《ふつうせんきょ》の実施《じっし》、これらがしっかりと保障《ほしょう》されることで、民主主義《みんしゅしゅぎ》は実現《じつげん》される。言《い》い換《か》えれば、これらのどれか一つでも保障《ほしょう》されていないのなら、その国《くに》では本当《ほんとう》の民主主義《みんしゅしゅぎ》は決《けっ》して実現《じつげん》しない。これも、あなたに覚《おぼ》えておいてもらいたい大切《たいせつ》なこと。

国家はなぜ生まれたの？

主権《しゅけん》は人々《ひとびと》にあるとする考《かん》え方《かた》は、ヨーロッパにおいてはとても古《ふる》くからあった。古代《こだい》ギリシアのポリス（都市国家《としこっか》）では、多《おお》くの人《ひと》がこの意識《いしき》をすでに持《も》っていて、市民《しみん》たちが一つ一つの政策《せいさく》や法案《ほうあん》について、投票《とうひょう》で決定《けってい》する直接民主制《ちょくせつみんしゅせい》が行《おこな》われていた。

イングランドでは一三世紀《せいき》に、「国王《こくおう》も法《ほう》の下《もと》にある」との精神《せいしん》を背景《はいけい》にして、適正《てきせい》な裁判《さいばん》や行政《ぎょうせい》の実施《じっし》、不当《ふとう》な罰金《ばっきん》や逮捕《たいほ》を禁《きん》じるなどの項目《こうもく》を盛《も》り込《こ》んだ「マグナ・カルタ」が起草《きそう》されている。

市民階級《しみんかいきゅう》が専制的《せんせいてき》な絶対君主制《ぜったいくんしゅせい》を打倒《だとう》した一七世紀《せいき》から一八世紀《せいき》のヨーロッパでは、

個人《こじん》の自由《じゆう》と平等《びょうどう》を最大限《さいだいげん》に尊重《そんちょう》するという民主主義《みんしゅしゅぎ》の思想《しそう》が、すでに多《おお》くの国《くに》で芽《め》生《ば》えていた。この思想《しそう》の出発点《しゅっぱってん》となったのが、イングランドの哲学者《てつがくしゃ》であるトマス・ホッブズによる『リヴァイアサン』だ。

このあたりであなたは思《おも》うかもしれない。そもそもなぜ国家《こっか》が必要《ひつよう》なのだろうと。ホッブズはその著書《ちょしょ》『リヴァイアサン』で、国家《こっか》や政府《せいふ》の必要性《ひつようせい》をこんなふうに説《せつ》明《めい》した。

①もしも国家《こっか》や政府《せいふ》などが存在《そんざい》しない社会《しゃかい》があるとしたら、人《ひと》は自分《じぶん》の命《いのち》や財産《ざいさん》を守《まも》るために、自《みずか》ら武装《ぶそう》せねばならなくなる。

②その結果《けっか》、多《おお》くの人《ひと》が武器《ぶき》を持《も》つようになる。

③ならばその社会《しゃかい》は、かえって危険《きけん》なものとなる。

④だからこそ安全《あんぜん》な生活《せいかつ》を守《まも》るため、人《ひと》は自分《じぶん》で自分《じぶん》の身《み》を守《まも》る権利《けんり》（自然権《しぜんけん》）の一部《いちぶ》を放棄《ほうき》して、武器《ぶき》を捨《す》てねばならない。

⑤また武器《ぶき》を捨《す》てることは、すべての人《ひと》がいっせいにやらなければ意味《いみ》がない。
⑥すべての人《ひと》に武器《ぶき》を捨《す》てさせるためには、すべての人《ひと》が従《したが》う共通《きょうつう》の権力《けんりょく》が必要《ひつよう》になる。

この権力《けんりょく》が政府《せいふ》や国家《こっか》だ。だからこそこの権力《けんりょく》は、すべての人《ひと》が等《ひと》しく参加《さんか》し、すべての人《ひと》の合意《ごうい》のうえで、強制力《きょうせいりょく》や執行力《しっこうりょく》を与《あた》えられた力《ちから》でなければならない。

危なっかしい民主主義

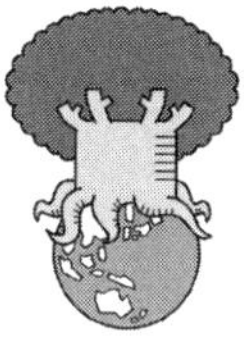

資本主義《しほんしゅぎ》が欧米《おうべい》に定着《ていちゃく》した一九世紀後半《せいきこうはん》、徹底《てってい》した平等《びょうどう》を目指《めざ》す政治形態《せいじけいたい》として、マルクス、エンゲルスによる社会主義《しゃかいしゅぎ》・共産主義《きょうさんしゅぎ》の思想《しそう》が登場《とうじょう》する。

この社会主義《しゃかいしゅぎ》・共産主義《きょうさんしゅぎ》が旧《きゅう》ソ連《れん》のレーニンやスターリンなどの思想《しそう》に形《かたち》を変《か》えながら引《ひ》き継《つ》がれた二〇世紀前半《せいきぜんはん》、この時期《じき》に急激《きゅうげき》に拡大《かくだい》した映画《えいが》やラジオを媒介《ばいかい》としながら、イタリアとドイツ、そして日本《にほん》などを中心《ちゅうしん》に全体主義《ぜんたいしゅぎ》（ファシズム）が同時《どうじ》多発的《たはつてき》に誕生《たんじょう》し、アメリカ、イギリス、オーストラリアなど連合国側《れんごうこくがわ》とのあいだで第《だい》二次世界大戦《じせかいたいせん》が始《はじ》まった。全体主義《ぜんたいしゅぎ》の枢軸国側《すうじくこくがわ》（イタリアとドイツ、日本《にほん》など）が敗《はい》北《ぼく》して第二次世界大戦《だいにじせかいたいせん》が終《お》わってから、民主主義《みんしゅしゅぎ》（デモクラシー）は世界《せかい》レベルで大《おお》きく進展《しんてん》し、国際連合《こくさいれんごう》（国連《こくれん》）が創設《そうせつ》され、一九四八年《ねん》には国連総会《こくれんそうかい》において、「世界《せかい》中《じゅう》のすべての国《くに》に暮《く》らす人《ひと》たちの人権《じんけん》は等《ひと》しく保障《ほしょう》されるべきである」とする世界人《せかいじん》権宣言《けんせんげん》が採択《さいたく》された。

その後《ご》に起《お》きた社会主義《しゃかいしゅぎ》と資本主義《しほんしゅぎ》の対立《たいりつ》である東西冷戦《とうざいれいせん》は一九八九年《ねん》に終《お》わりを告《つ》げたけれど、政治《せいじ》や経済《けいざい》、宗教《しゅうきょう》などの違《ちが》いが要因《よういん》となる戦争《せんそう》や紛争《ふんそう》は、今《いま》も世界各《せかいかく》地《ち》で続《つづ》いている。冷戦《れいせん》では資本主義《しほんしゅぎ》が勝利《しょうり》を収《おさ》めた形《かたち》だけど、資本主義《しほんしゅぎ》がゆきすぎた一つの形《かたち》である「新自由主義《しんじゆうしゅぎ》」が現《あらわ》れ、新《あら》たな問題《もんだい》が起《お》きている。経済的自由主義《けいざいてきじゆうしゅぎ》を唱《とな》えるその結果《けっか》として、富《と》める人《ひと》と貧《まず》しい人《ひと》の格差《かくさ》はますます広《ひろ》がり、新型《しんがた》コロナワクチンの接種率《せっしゅりつ》に大《おお》きな差《さ》が開《ひら》いていることが示《しめ》すように、先進諸国《せんしんしょこく》とアジア・アフリカをはじめとする途上国《とじょうこく》との経済格差《けいざいかくさ》は、縮《ちぢ》まるどころか拡大《かくだい》する一方《いっぽう》だ。

だからここで、あなたに知《し》ってほしい。

何《なに》が正《ただ》しくて何《なに》がまちがっているかを断言《だんげん》することは難《むずか》しい。でも人《ひと》はすべて生《い》きる権利《けんり》を持《も》ち、平等《びょうどう》であり、そしてその人《ひと》たちが主権《しゅけん》を持《も》つという主権在民《しゅけんざいみん》の思想《しそう》を基盤《きばん》とする民主主義《みんしゅしゅぎ》は、少《すく》なくともこれまで歴史《れきし》に現《あらわ》れた多《おお》くの政治体制《せいじたいせい》や思想《しそう》に比《くら》べれば、まちがいなくもっとも優《すぐ》れているし、正《ただ》しいということを。

だけど、第二次世界大戦時《だいじせかいたいせんじ》のイギリスの首相《しゅしょう》であるチャーチルの言葉《ことば》「民主主義《みんしゅしゅぎ》は最悪《さいあく》の政治形態《せいじけいたい》らしい。ただし、これまでに試《ため》されたすべての形態《けいたい》を別《べつ》にすれば、の話《はなし》であるが」を引《ひ》き合《あ》いにするまでもなく、民主主義《みんしゅしゅぎ》ですら、決《けっ》してまちがいを犯《おか》さないわけではない。

第一次世界大戦《だいいちじせかいたいせん》で負《ま》けたドイツは一九一九年《ねん》、「ワイマール憲法《けんぽう》」を創設《そうせつ》した。第一条《だいいちじょう》で国民主権《こくみんしゅけん》を謳《うた》うこの憲法《けんぽう》は、この時点《じてん》においては、世界《せかい》でもっとも民主的《みんしゅてき》な憲法《けんぽう》だと評価《ひょうか》されていた。

けれどもその後《ご》、第《だい》一次《じ》世界大戦《せかいたいせん》の賠償金《ばいしょうきん》や領土割譲《りょうどかつじょう》などの負債《ふさい》に世界恐慌《せかいきょうこう》も重《かさ》なって、ドイツ国民《こくみん》の不満《ふまん》や不安《ふあん》は少《すこ》しずつ強《つよ》くなり、このままでは我《わ》がゲルマン民《みん》族《ぞく》は滅《ほろ》ぶとの危機管理意識《ききかんりいしき》が発動《はつどう》し、結局《けっきょく》はヒトラー率《ひき》いる「国家社会主義《こっかしゃかいしゅぎ》ドイツ労《ろう》働者党《どうしゃとう》」という名前《なまえ》の政党《せいとう》が、憲法《けんぽう》に定《さだ》められた民主的《みんしゅてき》な選挙《せんきょ》の結果《けっか》として、大《おお》きな権力《けんりょく》を握《にぎ》ることになる。この国家社会主義《こっかしゃかいしゅぎ》ドイツ労働者党《ろうどうしゃとう》の別名《べつめい》がナチスだ。

つまりドイツのファシズムは、デモクラシー（民主主義《みんしゅしゅぎ》）によってもたらされた、との見方《みかた》もできる。

集団は暴走する

民主主義《みんしゅしゅぎ》の基本理念《きほんりねん》は多数決《たすうけつ》だ。でも多数派《たすうは》が常《つね》に正《ただ》しいとはかぎらない。人《ひと》は群《む》れる動物《どうぶつ》だから、時《とき》としてこの群《む》れが暴走《ぼうそう》することがある。特《とく》に今《いま》は、発達《はったつ》したマスメディアやＳＮＳなどのネットが提供《ていきょう》する様々《さまざま》な情報《じょうほう》によって、多《おお》くの人《ひと》が惑《まど》わされたり、煽《あお》られたり、理性的《りせいてき》な判断《はんだん》を失《うしな》いやすい状況《じょうきょう》になっている。

集団《しゅうだん》が暴走《ぼうそう》するとき、人《ひと》は理性《りせい》や冷静《れいせい》な判断力《はんだんりょく》を失《うしな》い、本来《ほんらい》は権力《けんりょく》を与《あた》えるべきではない人《ひと》に熱狂《ねっきょう》して大《おお》きな過《あやま》ちを犯《おか》してしまうことがある。ドイツだけではない。ムッソリーニという独裁者《どくさいしゃ》に熱狂《ねっきょう》したイタリアや、かつての日本《にほん》だって、最初《さいしょ》から軍部《ぐんぶ》の力《ちから》が強《つよ》かったわけではない。軍部《ぐんぶ》が力《ちから》を持《も》つことを、国民《こくみん》の多《おお》くが望《のぞ》んだのだ。つまりこれだって、民主主義《みんしゅしゅぎ》の結果《けっか》と言《い》えないことはない。

世論《よろん》とはこれほどに危《あぶ》なっかしい。民衆《みんしゅう》の多《おお》くは実《じつ》は愚《おろ》かで政治《せいじ》に悪《わる》い影響《えいきょう》を与《あた》えるという意味《いみ》で、「衆愚政治《しゅうぐせいじ》」という言葉《ことば》があるくらいだ。

だから実《じつ》のところ、民主主義《みんしゅしゅぎ》を実践《じっせん》するのはとても難《むずか》しい。国民《こくみん》一人一人が主権者《しゅけんしゃ》であるということは、国民《こくみん》一人一人が責任《せきにん》を持《も》って、いろいろなことを考《かんが》えねばならないということでもある。

特《とく》に集団《しゅうだん》で行動《こうどう》することが得意《とくい》な日本人《にほんじん》は、群《む》れとして暴走《ぼうそう》する危険性《きけんせい》と、いつも隣《とな》り合《あ》わせにいると考《かんが》えておいたほうがいい。集団《しゅうだん》としてまとまりやすいということは、その集団《しゅうだん》のリーダーに判断《はんだん》を任《まか》せてしまう傾向《けいこう》が強《つよ》いということでもある。集団《しゅうだん》がある方向《ほうこう》に走《はし》っているとき、その方向《ほうこう》はまちがっているとか、その方向《ほうこう》には進《すす》みたくないなどの個人的《こじんてき》な意見《いけん》を、人《ひと》はなかなか口《くち》にできなくなる。あなたにもそんな経《けい》験《けん》がきっとあるはずだ。これはおかしいと思《おも》っても、それを言《い》ったら「場《ば》に逆《さか》らうのか」とか「空気読《くうきよ》めよ」とか言《い》われそうで、結局《けっきょく》は黙《だま》ってしまったという経験《けいけん》だ。

日本《にほん》が軍事国家《ぐんじこっか》になりつつあったとき、これはちょっとおかしいのでは、とか、このまま進《すす》んだらまずいぞ、などと考《かんが》えた人《ひと》は、意外《いがい》と少《すく》なくはなかった。でもそんな人《ひと》たちの多《おお》くは、周《まわ》りの雰囲気《ふんいき》と違《ちが》うことを言《い》う勇気《ゆうき》がなくて、結局《けっきょく》は沈黙《ちんもく》してしまった。軍部《ぐんぶ》の弾圧《だんあつ》や検閲《けんえつ》が始《はじ》まるのはそのあとだ。もっと早《はや》くもっと多《おお》くの人《ひと》が、この方向《ほうこう》はおかしいよと声《こえ》をあげていたならば、あんな戦争《せんそう》は避《さ》けることができたかもしれない。

人《ひと》は集団《しゅうだん》に同調《どうちょう》する。合《あ》わせてしまう。だから集団《しゅうだん》は暴走《ぼうそう》する。権力《けんりょく》が一つに集中《しゅうちゅう》したとき、あるいは人《ひと》が集団《しゅうだん》に同調《どうちょう》したとき、多数決《たすうけつ》を基本《きほん》にする民主主義《みんしゅしゅぎ》は、とても危険《きけん》なシステムとなる。

こうして独裁者《どくさいしゃ》ジャイアンが誕生《たんじょう》する。いくらなんでも、とあなたは思《おも》う。でも周《しゅう》囲《い》を見渡《みわた》せば、誰《だれ》もが熱狂《ねっきょう》して拍手《はくしゅ》を送《おく》っている。だからあなたも拍手《はくしゅ》する。そして最悪《さいあく》の事態《じたい》が起《お》きる。そのころにあなたは気《き》づく。自分《じぶん》だけではなかった。多《おお》くの人《ひと》が自分《じぶん》と同《おな》じように周囲《しゅうい》に合《あ》わせていたのだと。

三権分立を思い出そう

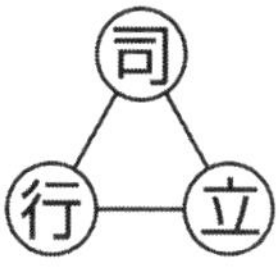

法律《ほうりつ》を制定《せいてい》する国会《こっかい》が「立法《りっぽう》」だ。そして国政《こくせい》を運営《うんえい》する内閣《ないかく》（政府《せいふ》）が「行政《ぎょうせい》」で、「司法《しほう》」は法律《ほうりつ》がきちんと適用《てきよう》されているかどうかを審理《しんり》する裁判所《さいばんしょ》だ。
近代市民社会《きんだいしみんしゃかい》の根本原理《こんぽんげんり》は、まずは国民主権《こくみんしゅけん》であることと、その権力《けんりょく》を選挙《せんきょ》によって選《えら》んだ代表者《だいひょうしゃ》に任《まか》せる議会制民主主義《ぎかいせいみんしゅしゅぎ》と、権力《けんりょく》を分散《ぶんさん》する三権分立《さんけんぶんりつ》によって保障《ほしょう》されている。

「三権分立《さんけんぶんりつ》」とは、国家《こっか》の権力《けんりょく》を立法《りっぽう》・行政《ぎょうせい》・司法《しほう》の三つに分《わ》けて、それらを国会《こっかい》と内閣《ないかく》と裁判所《さいばんしょ》という三つの機関《きかん》に担当《たんとう》させ、それぞれが相互《そうご》に監視《かんし》やけん制《せい》をし合《あ》うことで、権力《けんりょく》の暴走《ぼうそう》を防《ふせ》ぎ、国民《こくみん》の基本的権利《きほんてきけんり》を保障《ほしょう》しようとするシステムだ。

この三権分立《さんけんぶんりつ》は、日本国憲法《にほんこくけんぽう》によって規定《きてい》されている。それぞれは他《ほか》の機関《きかん》の行為《こうい》を尊重《そんちょう》し、不当《ふとう》な介入《かいにゅう》は絶対《ぜったい》にしてはいけないと定《さだ》められている。そして、内閣《ないかく》は、国《こっ》会議員《かいぎいん》からの質問《しつもん》に対《たい》しては、常《つね》に答《こた》えなければならないという規定《きてい》がある。また司《し》法《ほう》（裁判所《さいばんしょ》）の決定《けってい》に対《たい》して、国会《こっかい》や内閣《ないかく》は決《けっ》して圧力《あつりょく》を加《くわ》えてはならない、とされている。

もしもジャイアンが総理大臣《そうりだいじん》であったとしても、三権分立《さんけんぶんりつ》の原則《げんそく》に従《したが》えば、国会《こっかい》の決定事項《けっていじこう》には従《したが》わねばならないし、司法《しほう》が下《くだ》した判決《はんけつ》に不満《ふまん》があったとしても、これを無視《むし》することは許《ゆる》されない。

不思議の国の裁判

民主主義《みんしゅしゅぎ》を守《まも》るためには、立法《りっぽう》と行政《ぎょうせい》と司法《しほう》という三つの権力《けんりょく》を分散《ぶんさん》させることが必要《ひつよう》であるということをあなたは知《し》った。特《とく》に司法《しほう》は、他《ほか》の権力《けんりょく》からの圧力《あつりょく》や干渉《かんしょう》に対《たい》して、絶対《ぜったい》に自由《じゆう》でなければならない。もしもそれが守《まも》られなかった場合《ばあい》には、どんなことになるのだろう。ルイス・キャロルの『不思議《ふしぎ》の国《くに》のアリス』に、こんな裁《さい》判《ばん》の様子《ようす》が描《えが》かれている。

不思議《ふしぎ》の国《くに》に迷《まよ》い込《こ》んだアリスは、この国《くに》の裁判見物《さいばんけんぶつ》を、グリフォンから誘《さそ》われる。鎖《くさり》につながれた被告人《ひこくにん》はトランプのハートのジャックだ。そして裁判官《さいばんかん》は、ハートの王《おう》さまと女王《じょおう》さま。

ジャックの容疑《ようぎ》は、女王《じょおう》が作《つく》ったお菓子《かし》のタルトを盗《ぬす》み食《ぐ》いしたというものだった。

白《しろ》うさぎがラッパを三回《かい》吹《ふ》き鳴《な》らしてから、大《おお》きな声《こえ》でジャックの罪状《ざいじょう》を読《よ》み上《あ》げると、「では、評決《ひょうけつ》に取《と》りかかれ」と王《おう》さまがいきなり言《い》った。「まだです、まだです！」と白《しろ》うさぎがあわてて証人《しょうにん》を呼《よ》ぶ。

でも最初《さいしょ》の証人《しょうにん》である帽子屋《ぼうしや》は、事件《じけん》については何《なに》も知《し》らない。次《つぎ》の証人《しょうにん》である公《こう》爵夫人《しゃくふじん》の料理番《りょうりばん》は、「証言《しょうげん》せよ」と王《おう》さまから命《めい》じられて、「いやだね」と言《い》い返《かえ》し、それから「タルトは何《なん》でできておる？」との王《おう》さまの質問《しつもん》に「コショウだね、主《おも》に」と言《い》い残《のこ》して法廷《ほうてい》から消《き》えてしまう。

三人目《にんめ》の証人《しょうにん》はアリス。いきなり指名《しめい》されてアリスは驚《おどろ》いた。

「そのほうは、この事件《じけん》に関《かん》して、何《なに》を知《し》っておる？」と王《おう》さまに訊《き》かれたアリスは、「なんにも」と答《こた》える。

「まるっきり、なんにも？」と王《おう》さまが問《と》い返《かえ》してもアリスは「まるっきり、なんにも」と答《こた》えるしかない。

すると王《おう》さまは「これは聞《き》き捨《ず》てならん」と陪審員《ばいしんいん》に言《い》い、アリスの証言《しょうげん》はこれで終《お》わり。次《つぎ》に証拠《しょうこ》が提出《ていしゅつ》された。被告《ひこく》であるジャックが書《か》いた手紙《てがみ》だということだが、ジャックはそんなものを書《か》いた覚《おぼ》えはない。

「わたくしはそんなものを書《か》いてはおりませんし、わたくしが書《か》いた証拠《しょうこ》など、どこにもないはずです。それには署名《しょめい》もないではございませんか」と言《い》うジャックに王《おう》さまは、「署名《しょめい》しなかったからこそ、ますます怪《あや》しいわけじゃ。おまえは何《なに》か悪事《あくじ》をたくらんでおったにちがいない。そうでなければ、うしろ暗《ぐら》いところのない者《もの》らしく、ちゃんと署名《しょめい》をしておったはずじゃからな」と言う。

「それこそ、有罪《ゆうざい》の証拠《しょうこ》じゃ」と女王《じょおう》さまが宣言《せんげん》し、「そんなの、何《なん》の証拠《しょうこ》にもなってやしないわ！」とアリスが言《い》う。王《おう》さまはその手紙《てがみ》を読《よ》むように命《めい》じるが、さっぱり意味《いみ》がわからない。でも結局《けっきょく》王《おう》さまは、「では、陪審員《ばいしんいん》は評決《ひょうけつ》せよ」と宣言《せんげん》する。続《つづ》けて女王《じょおう》さまがこう叫《さけ》ぶ。

「だめ、だめ！　判決《はんけつ》がさき——評決《ひょうけつ》はあと」

「そんなの、めちゃくちゃよ！」とアリスが大声《おおごえ》で言《い》う。「判決《はんけつ》をさきにやるなんて！」

そう言《い》ったアリスをにらんだ女王《じょおう》さまが、「こやつの首《くび》をはねろ！」と叫《さけ》ぶ。でもトランプの兵士《へいし》たちは動《うご》かない。

「だれが気《き》にするもんですか」とアリスは言《い》う。

「あんたたちなんて、ただのトランプじゃないの！」

次《つぎ》の瞬間《しゅんかん》、トランプの兵士《へいし》たちは、アリスにいっせいに飛《と》びかかる。これを払《はら》いのけようとしたアリスが小《ちい》さく悲鳴《ひめい》をあげたとき、お姉《ねえ》さんの膝《ひざ》に頭《あたま》をのせて、寝《ね》ていた自分《じぶん》に気《き》がついた。


……こうしてアリスの不思議《ふしぎ》の国《くに》の旅《たび》は終《お》わる。裁判《さいばん》がこれほどむちゃくちゃになってしまった理由《りゆう》の一つは、王《おう》さまと女王《じょおう》さまというこの国《くに》の最高権力者《さいこうけんりょくしゃ》が、むちゃくちゃな裁判官《さいばんかん》を兼任《けんにん》してむちゃくちゃな裁判《さいばん》をやっていたからだ。

これは不思議《ふしぎ》の国《くに》のお話《はなし》。今《いま》の日本《にほん》ではありえないと、あなたは思《おも》うだろうか。

確《たし》かにこれほどひどい裁判《さいばん》はないかもしれないけれど、でもこれに近《ちか》い裁判《さいばん》は、今《いま》もいくらでもある。次《つぎ》の章《しょう》で説明《せつめい》しよう。

第2章 無罪の推定

罰をどのように与えるか

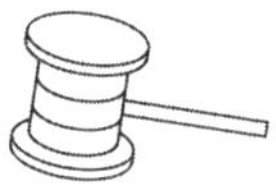

社会《しゃかい》における争《あらそ》いや諍《いさか》いを解決《かいけつ》する手段《しゅだん》として、あるいは法《ほう》を破《やぶ》った人《ひと》や組織《そしき》に罰《ばつ》を与《あた》えるシステムとして、司法《しほう》（裁判《さいばん》）はもっとも重要《じゅうよう》な権力《けんりょく》だ。この決定《けってい》には、国《こく》民《みん》だけでなく政府《せいふ》も従《したが》わねばならない。もしも従《したが》わなければ、さらに大《おお》きな罰《ばつ》が与《あた》えられる。

裁判《さいばん》は大《おお》きく二つに分《わ》けられる。「民事訴訟《みんじそしょう》」と「刑事訴訟《けいじそしょう》」だ。民事訴訟《みんじそしょう》は民事訴《みんじそ》訟法《しょうほう》によって、そして刑事訴訟《けいじそしょう》は刑事訴訟法《けいじそしょうほう》によって規定《きてい》されている。

ではこの二つは、どのように違《ちが》うのだろう。

放課後《ほうかご》にあなたのクラスメートたちは、いつものようにサッカーをやるために学校《がっこう》のグラウンドに集《あつ》まった。ところがその日《ひ》は、違《ちが》うクラスもサッカーをやるつもりでグラウンドに集合《しゅうごう》していた。

グラウンドは一つしかない。でもここを使《つか》いたいチームは二つ。あなたたちはいつも自分《じぶん》たちがグラウンドを使《つか》ってきたことを理由《りゆう》に、正当《せいとう》な権利《けんり》があるのは自分《じぶん》たちだと主張《しゅちょう》する。でも違《ちが》うクラスの子《こ》どもたちは、今日《きょう》は自分《じぶん》たちのほうが先《さき》にグラウンドに来《き》たのだから、自分《じぶん》たちが使《つか》う権利《けんり》があるのだと主張《しゅちょう》する。どちらも譲《ゆず》らない。話《はな》し合《あ》ってもなかなか結論《けつろん》が出《で》ない。どちらも罪《つみ》を犯《おか》したわけではないのだから、警察《けいさつ》も介入《かいにゅう》できない。ならば裁判《さいばん》だ。あなたは言《い》う。望《のぞ》むところだ。違《ちが》うクラスの誰《だれ》かが言《い》う。

こうして裁判所《さいばんしょ》は、双方《そうほう》から事情《じじょう》を聞《き》きながら、どちらのクラスに優先権《ゆうせんけん》があるかについて判決《はんけつ》を下《くだ》す。これが民事訴訟《みんじそしょう》（裁判《さいばん》）だ。現実《げんじつ》には相続《そうぞく》をめぐるトラブルや、貸《か》したお金《かね》を返《かえ》してほしいとか損害《そんがい》を賠償《ばいしょう》してほしいとか、土地《とち》を明《あ》け渡《わた》してほしいなどのケースが多《おお》い。私人《しじん》と私人《しじん》、あるいは私企業《しきぎょう》（たまに国《くに》や自治体《じちたい》）が、権利関《けんりかん》係《けい》や法律《ほうりつ》の解釈《かいしゃく》をめぐって起《お》こす争《あらそ》いに対《たい》して、裁判所《さいばんしょ》は法律的《ほうりつてき》な解決策《かいけつさく》を示《しめ》して、場《ば》合《あい》によっては強制的《きょうせいてき》にこれを執行《しっこう》させることもできる。侵害《しんがい》された権利《けんり》や損害《そんがい》に対《たい》しては、お金《かね》で賠償《ばいしよう》しなさいとかの判決《はんけつ》も多《おお》い。

これに対《たい》して刑事訴訟《けいじそしよう》（裁判《さいばん》）は、刑法《けいほう》に規定《きてい》された犯罪事実《はんざいじじつ》があったことを認定《にんてい》して、その犯罪《はんざい》を起《お》こした人《ひと》や組織《そしき》に刑罰《けいばつ》を科《か》すための訴訟手続《そしようてつづ》きだ。誰《だれ》かが誰《だれ》かを傷《きず》つけたとか物《もの》を盗《ぬす》んだとか命《いのち》を奪《うば》ったとか、そんな刑事事件《けいじじけん》を犯《おか》したと疑《うたが》われる誰《だれ》かを、本当《ほんとう》に罪《つみ》を犯《おか》したのかどうか、そしてもし犯《おか》したのだとしたら、どの程度《ていど》の罰《ばつ》が適当《てきとう》かを決《き》めるための手続《てつづ》きだ。

事件《じけん》が起《お》きたとき、まずは警察《けいさつ》などの捜査機関《そうさきかん》がこれを捜査《そうさ》して、犯人《はんにん》と思《おも》われる人《ひと》（容疑者《ようぎしや》）を捕《つか》まえる。次《つぎ》に検察官《けんさつかん》が容疑者《ようぎしや》について調《しら》べて、起訴《きそ》するか不起訴《ふきそ》にするか（裁判《さいばん》にかけるかどうか）を決定《けってい》する。起訴《きそ》されたなら、容疑者《ようぎしや》は被告人《ひこくにん》と呼《よ》ばれ、不思議《ふしぎ》の国《くに》のジャックのように裁判《さいばん》にかけられる。

次《つぎ》に裁判所《さいばんしよ》は、弁護人《べんごにん》と検察官《けんさつかん》双方《そうほう》の主張《しゆちよう》を聞《き》いて、この被告人《ひこくにん》が有罪《ゆうざい》なのか無罪《むざい》なのか、もし有罪《ゆうざい》ならどの程度《ていど》の罰《ばつ》を与《あた》えるべきなのかを決《き》めることになる。

ただし裁判《さいばん》の結果《けっか》（判決《はんけつ》）が、常《つね》に正《ただ》しいとはかぎらない。なぜなら人《ひと》はまちがう生《い》きものだ。罰《ばっ》を与《あた》えてしまってから、「まちがいでした」と訂正《ていせい》してももう遅《おそ》い。その人《ひと》は犯罪者《はんざいしゃ》としてメディアで顔《かお》や名前《なまえ》を報道《ほうどう》されてしまった。あるいは刑務所《けいむしょ》でずいぶん長《なが》いあいだ拘束《こうそく》されてしまった。もしも会社員《かいしゃいん》なら、とっくに会社《かいしゃ》を解雇《かいこ》されているだろう。一家離散《いっかりさん》している可能性《かのうせい》もある。結婚《けっこん》を約束《やくそく》した人《ひと》がいたならば、別《わか》れを宣言《せんげん》されてしまうかもしれない。最悪《さいあく》なのは死刑《しけい》だ。失《うしな》われた命《いのち》はもう戻《もど》らない。

グレーは無罪

だから刑事訴訟《けいじそしょう》を規定《きてい》する刑事訴訟法《けいじそしょうほう》では、「誰《だれ》であろうと有罪《ゆうざい》と裁判所《さいばんしょ》で宣告《せんこく》されるまでは、無罪《むざい》であると推定《すいてい》される」という無罪推定《むざいすいてい》を大原則《だいげんそく》にしている。

この原則《げんそく》はわかりづらい。だからもう少《すこ》し具体的《ぐたいてき》に説明《せつめい》するよ。裁判所《さいばんしょ》に対《たい》して被《ひ》告人《こくにん》の処罰《しょばつ》を求《もと》める検察官《けんさつかん》は、被告人《ひこくにん》が罪《つみ》を犯《おか》したことを、裁判所《さいばんしょ》で立証《りっしょう》しなければならない。「おそらくこの人《ひと》が犯人《はんにん》です」とか「あんなことをする奴《やつ》はこいつに決《き》まっている」とか、そんな理由《りゆう》で人《ひと》に罰《ばつ》を与《あた》えることはできない。刑事訴訟法第《けいじそしょうほうだい》三三六条《じょう》は、「被告事件《ひこくじけん》が罪《つみ》とならないとき、又《また》は被告事件《ひこくじけん》について犯罪《はんざい》の証明《しょうめい》がないときは、判決《はんけつ》で無罪《むざい》の言《い》い渡《わた》しをしなければならない」と規定《きてい》している。刑事裁判《けいじさいばん》において被《ひ》告人《こくにん》を有罪《ゆうざい》とするためには、「合理的《ごうりてき》な疑《うたが》いを差《さ》し挟《はさ》む余地《よち》のない程度《ていど》の立証《りっしょう》が必要《ひつよう》である」とされている。これをわかりやすく言《い》い換《か》えれば、たとえ有罪《ゆうざい》の疑《うたが》いがあっても、検察側《けんさつがわ》が一〇〇パーセントの証明《しょうめい》ができないかぎりは無罪《むざい》にすべきである、ということだ。二五ページのイラストを思《おも》い出《だ》してほしい。「黒《くろ》か白《しろ》か」ではなく、「グレー」なら無罪《むざい》なのだ。

無罪推定《むざいすいてい》の原則《げんそく》は、一七八九年《ねん》に採択《さいたく》されたフランス人権宣言《じんけんせんげん》に規定《きてい》されたことが始《はじ》まりとされている。この原則《げんそく》は近代司法国家《きんだいしほうこっか》のすべてに採用《さいよう》され、今《いま》では国際人権《こくさいじんけん》規約《きやく》などにも謳《うた》われていて、近代刑事訴訟《きんだいけいじそしょう》の大原則《だいげんそく》だ。

無罪推定《むざいすいてい》には二つの意味《いみ》がある。検察官《けんさつかん》が犯罪事実《はんざいじじつ》の立証責任《りっしょうせきにん》を負《お》う（被告人《ひこくにん》がまちがいなく罪《つみ》を犯《おか》したことを証明《しょうめい》する）ということと、被告人《ひこくにん》の有罪《ゆうざい》が確定《かくてい》するまでは無罪《むざい》として扱《あつか》うということだ。

でもあなたに知《し》ってほしい。日本《にほん》では起訴《きそ》されたならば、九九パーセント以上《いじょう》の確《かく》率《りつ》で有罪《ゆうざい》になる。つまりほぼ有罪《ゆうざい》。そしてこの統計確率《とうけいかくりつ》は、アメリカやイギリス、フランスやドイツなど他《ほか》の近代司法国家《きんだいしほうこっか》に比《くら》べて圧倒的《あっとうてき》に高《たか》い。事件《じけん》について厳密《げんみつ》に調《しら》べてから起訴《きそ》するからだと胸《むね》を張《は》る法曹関係者《ほうそうかんけいしゃ》は少《すく》なくないけれど、僕《ぼく》はそう思《おも》わない。

一九九一年《ねん》、栃木県足利市《とちぎけんあしかがし》で女児殺害事件《じょじさつがいじけん》の容疑者《ようぎしゃ》として逮捕《たいほ》された菅家利和《すがやとしかず》さんは、裁判《さいばん》で有罪《ゆうざい》が確定《かくてい》して無期懲役囚《むきちょうえきしゅう》となった。でも二〇〇九年《ねん》に冤罪《えんざい》だったことが明《あき》らかになり、服役《ふくえき》していた菅家《すがや》さんは一七年半《ねんはん》ぶりに自由《じゆう》の身《み》となった。

その同《おな》じ年《とし》である二〇〇九年《ねん》、障害者郵便制度悪用事件《しょうがいしゃゆうびんせいどあくようじけん》で厚生労働省《こうせいろうどうしょう》の村木厚子《むらきあつこ》さんが逮捕《たいほ》、起訴《きそ》されて一審《しん》で無罪判決《むざいはんけつ》が出《で》た直後《ちょくご》、彼女《かのじょ》を有罪《ゆうざい》にするために大阪地検《おおさかちけん》特捜部《とくそうぶ》の検事《けんじ》を含《ふく》む三名《めい》が、証拠物件《しょうこぶっけん》であるフロッピーディスクの改《かい》ざんとその隠《いん》ぺいを行《おこな》っていたことが明《あき》らかになった。

ちなみに足利事件《あしかがじけん》の際《さい》には、菅家《すがや》さんが逮捕《たいほ》されたことで捜査《そうさ》は終了《しゅうりょう》して、真犯人《しんはんにん》は見《み》つからないままに公訴時効《こうそじこう》（犯罪後《はんざいご》一定《いってい》の期間《きかん》が経《た》つと起訴《きそ》が許《ゆる》されなくなる）が完成《かんせい》してしまっている。

二つの事例《じれい》を挙《あ》げたけれど、これは氷山《ひょうざん》の一角《いっかく》だ。冤罪《えんざい》は他《ほか》にもたくさんある。つまり、近代司法国家《きんだいしほうこっか》の大原則《だいげんそく》であるはずの無罪推定《むざいすいてい》が、今《いま》のこの国《くに》では、きちんと守《まも》られていない。

いつから犯人？

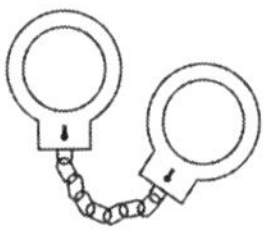

事件《じけん》が起《お》きた。誰《だれ》かが警察《けいさつ》に捕《つか》まった。でもこの段階《だんかい》で捕《つか》まった人《ひと》は、犯人《はんにん》ではなくて容疑者《ようぎしゃ》（被疑者《ひぎしゃ》）だ。つまり犯人《はんにん》の疑《うたが》いがある人《ひと》。逮捕《たいほ》された容疑者《ようぎしゃ》は警察《けいさつ》の取《と》り調《しら》べを受《う》け、おそらく犯人《はんにん》であるとの確証《かくしょう》を警察《けいさつ》が持《も》った段階《だんかい》で、検察《けんさつ》に送《おく》られて取《と》り調《しら》べられる。これを「送検《そうけん》」という。あなたも刑事《けいじ》ドラマなどで、身柄送検《みがらそうけん》など

という言葉《ことば》を聞《き》いたことがあるはずだ。

証拠《しょうこ》や証言《しょうげん》、本人《ほんにん》の供述《きょうじゅつ》などから、まちがいなく犯人《はんにん》であると検察官《けんさつかん》が確信《かくしん》した段《だん》階《かい》で、容疑者《ようぎしゃ》は起訴《きそ》される。つまり裁判《さいばん》にかけられることが決定《けってい》する。ここで「容疑《ようぎ》者《しゃ》」は「被告人《ひこくにん》」となる。

でもこの段階《だんかい》でも、この人《ひと》が犯人《はんにん》だと決《き》まったわけではない。検察官《けんさつかん》は法廷《ほうてい》で、被《ひ》告人《こくにん》が実際《じっさい》の犯人《はんにん》である理由《りゆう》や根拠《こんきょ》を主張《しゅちょう》する。つまり犯罪事実《はんざいじじつ》を立証《りっしょう》しようとする。

被告人《ひこくにん》のほとんどは、法律《ほうりつ》や裁判《さいばん》については素人《しろうと》だ。手続《てつづ》きやルールがよくわからない。だから被告人《ひこくにん》には弁護士《べんごし》がつく。被告人《ひこくにん》が自分《じぶん》で依頼《いらい》する場合《ばあい》もあるし、弁護《べんご》士《し》を雇《やと》えるような金銭的《きんせんてき》な余裕《よゆう》がない人《ひと》には、国《くに》が選《えら》んだ弁護士《べんごし》をつけられる。なぜなら弁護士《べんごし》をつけてもらうことは、被告人《ひこくにん》の大切《たいせつ》な権利《けんり》だからだ。

この検察官《けんさつかん》と弁護士《べんごし》が、法廷《ほうてい》で互《たが》いの主張《しゅちょう》をぶつけ合《あ》う。検察官《けんさつかん》は被告人《ひこくにん》を有罪《ゆうざい》だとして、罪《つみ》に相応《そうおう》する罰《ばつ》を主張《しゅちょう》する。でも弁護人《べんごにん》は、被告人《ひこくにん》は無罪《むざい》であるとか、あるいは有罪《ゆうざい》ではあるけれど検察官《けんさつかん》が主張《しゅちょう》する内容《ないよう》にはまちがいがあるとか、あるいは犯《おか》した罪《つみ》に対《たい》してはこの程度《ていど》の罰《ばつ》であるべきだと主張《しゅちょう》する。

ここで大切《たいせつ》なこと。無罪推定原則《むざいすいていげんそく》は、立証責任《りっしょうせきにん》を検察官《けんさつかん》に負《お》わせている。被告人《ひこくにん》が確《たし》かに犯人《はんにん》であることを、検察官《けんさつかん》は法廷《ほうてい》で合理的《ごうりてき》に証明《しょうめい》せねばならない。もしも検察《けんさつ》官《かん》の立証《りっしょう》が不十分《ふじゅうぶん》であるならば、たとえ被告人《ひこくにん》や弁護人《べんごにん》の主張《しゅちょう》が同《おな》じように不十分《ふじゅうぶん》だったとしても、被告人《ひこくにん》は無罪《むざい》であるとの判決《はんけつ》を与《あた》えられなければならないのだ。

つまり無罪推定原則《むざいすいていげんそく》は、人《ひと》に罰《ばつ》を与《あた》えることを要求《ようきゅう》する検察官《けんさつかん》に厳《きび》しいハードルを課《か》して、「疑《うたが》わしきは罰《ばっ》せず」や「疑《うたが》わしきは被告人《ひこくにん》の利益《りえき》に」という格言《かくげん》を、法《ほう》として制度化《せいどか》した原則《げんそく》なのだ。

ここまで読《よ》んで、あなたは思《おも》うかもしれない。それでは被告人《ひこくにん》に有利《ゆうり》になりすぎるじゃないかって。

でも思《おも》い出《だ》してほしい。それが近代司法《きんだいしほう》なのだ。理由《りゆう》はちゃんとある。なぜ近代司《きんだいし》法《ほう》が、無罪推定原則《むざいすいていげんそく》も含《ふく》めて被告人《ひこくにん》の利益《りえき》を最大限《さいだいげん》に認《みと》めているのか。冤罪《えんざい》や誤判《ごはん》（まちがった判決《はんけつ》を下《くだ》すこと）があまりに多《おお》いからだ。そんな教訓《きょうくん》が過去《かこ》にあったからこそ、近代国家《きんだいこっか》は刑事司法《けいじしほう》における無罪推定《むざいすいてい》を重要《じゅうよう》な原則《げんそく》にした。

ところが最近《さいきん》の裁判《さいばん》では、この原則《げんそく》が生《い》きていない。厳《きび》しいハードルを課《か》せられているはずの検察官《けんさつかん》が、本来《ほんらい》なら有利《ゆうり》な立場《たちば》にいるはずの被告人《ひこくにん》や弁護士《べんごし》と、しっかりと立証《りっしょう》しないままに争《あらそ》っているかのような法廷《ほうてい》が多《おお》く、メディアもこれを当《あ》たり前《まえ》のように報道《ほうどう》している。

いずれにせよ、こうして被告人《ひこくにん》の犯《おか》した罪《つみ》についての審議《しんぎ》が法廷《ほうてい》で重《かさ》ねられ、最終《さいしゅう》的《てき》には裁判官《さいばんかん》（判事《はんじ》）が、有罪《ゆうざい》か無罪《むざい》かの判断《はんだん》と、罪《つみ》の重《おも》さを決定《けってい》する。これが判決《はんけつ》だ。

なぜ三審？

でもならば、その判決《はんけつ》に絶対《ぜったい》にまちがいはないかと言《い》えば、そんなことはない。裁《さい》判官《ばんかん》だって人《ひと》の子《こ》だ。たとえば小《ちい》さな子《こ》どもを殺《ころ》してしまった被告人《ひこくにん》を裁《さば》くとき、自《じ》分《ぶん》にも同《おな》じような年《とし》ごろの子《こ》どもがいる裁判官《さいばんかん》は、子《こ》どもがいない裁判官《さいばんかん》より重《おも》い罪《つみ》を言《い》い渡《わた》すかもしれない。電車《でんしゃ》の中《なか》で痴漢行為《ちかんこうい》を働《はたら》いた被告人《ひこくにん》に対《たい》しては、男性裁判《だんせいさいばん》官《かん》より女性裁判官《じょせいさいばんかん》のほうが厳《きび》しい罰《ばつ》を与《あた》えたいと思《おも》うかもしれない。

もちろん、本来《ほんらい》はそんなことはあってはならない。判決《はんけつ》に自分《じぶん》の感情《かんじょう》を入《い》れてはならない。裁判官《さいばんかん》はそのように教育《きょういく》を受《う》けている。でも感情《かんじょう》はコントロールできない。絶《ぜっ》対《たい》に一〇〇パーセントまちがいなく、いつも公正《こうせい》であるとはかぎらない。

だから日本《にほん》の裁判《さいばん》は、同《おな》じ事件《じけん》でも三回《かい》の段階《だんかい》に分《わ》けて審理《しんり》できるように、「三審《しん》制《せい》」をとっている。最初《さいしょ》の裁判《さいばん》（一審《しん》）の判決《はんけつ》に対《たい》して不服《ふふく》のある当事者《とうじしゃ》（被告人《ひこくにん》あるいは検察《けんさつ》）は、控訴《こうそ》して二審《しん》に進《すす》む。二審《しん》の判決《はんけつ》にも、憲法違反《けんぽういはん》や法解釈《ほうかいしゃく》の誤《あやま》りがあるなど不服《ふふく》がある場合《ばあい》は、上告《じょうこく》して三審《しん》の最高裁判所《さいこうさいばんしょ》で判断《はんだん》されることになる。

だからといって、一審《しん》の裁判官《さいばんかん》が二審《しん》の裁判官《さいばんかん》より立場《たちば》が下《した》にある、ということではない。会社《かいしゃ》の上司《じょうし》と部下《ぶか》のような関係《かんけい》ではない。裁判官《さいばんかん》は一審《しん》（地方裁判所《ちほうさいばんしょ》）、二審《しん》（高等裁判所《こうとうさいばんしょ》）、三審《しん》（最高裁判所《さいこうさいばんしょ》）のどこに所属《しょぞく》していようが、それぞれ独立《どくりつ》した自《じ》分《ぶん》の判断《はんだん》で判決《はんけつ》を出《だ》すことを、憲法《けんぽう》で保障《ほしょう》されている。

くり返《かえ》すけれど裁判《さいばん》は人《ひと》が裁《さば》くものなのだから、まちがいは絶対《ぜったい》にある。最高裁《さいこうさい》だってまちがうかもしれない。でもそれを言《い》っていては、この社会《しゃかい》の罪《つみ》や争《あらそ》いを、僕《ぼく》たちは永遠《えいえん》に裁《さば》けなくなる。だから三審制《さんしんせい》。できるかぎり慎重《しんちょう》に、そして公平《こうへい》に、という精神《せいしん》の表《あらわ》れだ。

こうして罰《ばつ》が確定《かくてい》する。つまり被告人《ひこくにん》の有罪《ゆうざい》が確定《かくてい》する。そして確定《かくてい》するまでの被《ひ》告人《こくにん》は無罪《むざい》として扱《あつか》われるべきであることを、無罪推定原則《むざいすいていげんそく》は宣言《せんげん》している。

なぜ実名？

でも現状《げんじょう》、この原則《げんそく》もほとんど機能《きのう》していない。それはマスメディアの報道《ほうどう》に表《あらわ》れている。たとえばテレビのニュースで、警察《けいさつ》に捕《つか》まった容疑者《ようぎしゃ》や裁判所《さいばんしょ》に護送《ごそう》される被告人《ひこくにん》の映像《えいぞう》を、あなたも見《み》たことがあると思う。

容疑者《ようぎしゃ》や被告人《ひこくにん》の段階《だんかい》では、彼《かれ》らはまだ犯人《はんにん》であると決《き》まったわけではない。ところがマスメディアのほとんどは、とても断定的《だんていてき》に報道《ほうどう》する。さすがに「この人《ひと》が犯人《はんにん》です」とは言《い》わないとしても、顔《かお》や名前《なまえ》を新聞《しんぶん》やテレビでさらされることで、これを見《み》た多《おお》くの人《ひと》は「こいつが犯人《はんにん》だ」と思《おも》い、結果《けっか》としてその人《ひと》は、とても大《おお》きな被害《ひがい》を受《う》ける。

少《すこ》し前《まえ》、日本《にほん》に来《き》たばかりの韓国《かんこく》の人《ひと》から、「日本《にほん》に来《き》てすぐにテレビのニュースを見《み》てとても驚《おどろ》いた」と言《い》われたことがある。「容疑者《ようぎしゃ》の顔《かお》や名前《なまえ》が当《あ》たり前《まえ》のように画面《がめん》に出《で》ていました。韓国《かんこく》ではよほど重大《じゅうだい》な事件《じけん》でないかぎり、こんな扱《あつか》いは考《かんが》えられません」

韓国《かんこく》だけではない。世界中《せかいじゅう》の多《おお》くの国《くに》では、メディアにおける無罪推定原則《むざいすいていげんそく》は、実《じっ》名《めい》ではなく匿名《とくめい》（仮名《かめい》や変名《へんめい》。AとかBなども使《つか》われる）で報道《ほうどう》するなど、かなり厳《げん》格《かく》に守《まも》られている。この国《くに》で育《そだ》ったあなたはこれまで、逮捕《たいほ》された容疑者《ようぎしゃ》の顔《かお》や名前《なまえ》がテレビのニュースや新聞《しんぶん》で当《あ》たり前《まえ》のように報道《ほうどう》されることを、普通《ふつう》のこととして見《み》たり読《よ》んだりしていたと思《おも》う。でもそれは韓国《かんこく》やヨーロッパの多《おお》くの国《くに》の水準《すいじゅん》からすれば、かなり普通《ふつう》ではないということを知《し》ってほしい。日本《にほん》やアメリカ、イギリスなどは実名報道《じつめいほうどう》が原則《げんそく》だけど、世界《せかい》には匿名報道《とくめいほうどう》の国《くに》も多《おお》いのだ。マスメディアだけではない。一般《いっぱん》の人々《ひとびと》の感覚《かんかく》もこれに近《ちか》い。逮捕《たいほ》や起訴《きそ》された人《ひと》は、悪《わる》いことをした犯人《はんにん》そのものなのだと思《おも》い込《こ》んでしまう。

冤罪で苦しむ人たち

「松本《まつもと》サリン事件《じけん》」については僕《ぼく》の本《ほん》『フェイクニュースがあふれる世界《せかい》に生《い》きる君《きみ》たちへ』でも取《と》りあげた。三〇年《ねん》くらい前《まえ》だから、あなたが知《し》らなくても不思議《ふしぎ》はない。でもこの事件《じけん》は、無罪推定原則《むざいすいていげんそく》について考《かんが》えるとき、とても重要《じゅうよう》なメッセージを僕《ぼく》たちに示《しめ》してくれる。

一九九四年《ねん》六月《がつ》二七日《にち》の夕方《ゆうがた》から翌日《よくじつ》六月《がつ》二八日《にち》の早朝《そうちょう》にかけて、長野県松本市《ながのけんまつもとし》の住宅街《じゅうたくがい》で、かつてナチスドイツが開発《かいはつ》した猛毒性《もうどくせい》の神経《しんけい》ガスであるサリンが何者《なにもの》かによって散布《さんぷ》され、七人《にん》（のち八人《にん》に）が死亡《しぼう》するという大《おお》きな事件《じけん》が起《お》きた。

事件発生《じけんはっせい》の翌日《よくじつ》、長野県警捜査一課長《ながのけんけいそうさいっかちょう》は記者会見《きしゃかいけん》で、「第一通報者《だいいちつうほうしゃ》を殺人容疑《さつじんようぎ》で家宅《かたく》捜索《そうさく》した」と発表《はっぴょう》する。これを聞《き》いたテレビや新聞《しんぶん》はいっせいに、被害者《ひがいしゃ》だった河野《こうの》義行《よしゆき》さんが犯人《はんにん》であるかのような報道《ほうどう》を始《はじ》めた。

日《ひ》を追《お》うごとに報道《ほうどう》は激《はげ》しくなった。自《みずか》らもサリンの被害《ひがい》にあって入院中《にゅういんちゅう》の河野《こうの》さんを「毒《どく》ガス男《おとこ》」と呼《よ》び、「毒《どく》ガス事件発生源《じけんはっせいげん》の怪奇家系図《かいきかけいず》」という見出《みだ》しの記事《きじ》で、河野家《こうのけ》の家系図《かけいず》を掲載《けいさい》した週刊誌《しゅうかんし》もあった。

翌年《よくねん》、オウム真理教《しんりきょう》という宗教団体《しゅうきょうだんたい》の信者《しんじゃ》たちがサリンを撒《ま》いた容疑者《ようぎしゃ》として浮《ふ》上《じょう》するまで、およそ半年間《はんとしかん》にわたって河野《こうの》さんは犯人扱《はんにんあつか》いされ続《つづ》けた。

このときのことを、河野《こうの》さんはのちに、こんなふうに語《かた》っている。

……こうしたまちがった報道《ほうどう》がなぜ起《お》きるのか。それはマスコミが警察《けいさつ》発表《はっぴょう》に頼《たよ》った報道《ほうどう》をするからです。掘《ほ》り起《お》こしがとても浅《あさ》い取材《しゅざい》しかしないから真実《しんじつ》とは違《ちが》った記事《きじ》が出《で》るわけです。……警察《けいさつ》は私《わたし》の味方《みかた》だと思《おも》っていました。しかし弁護士《べんごし》さんに言《い》われたのは「河野《こうの》くん、警察《けいさつ》は犯人《はんにん》を作《つく》るところなんだよ」ということ。長野県警《ながのけんけい》の警察官《けいさつかん》三〇〇〇人《にん》あまりのうち三一〇人《にん》がこの事件《じけん》の捜査《そうさ》にかかわった。彼《かれ》らは私《わたし》の疑惑探《ぎわくさが》しに奔走《ほんそう》したのです。捜査陣《そうさじん》の合《あ》い言葉《ことば》は「河野《こうの》に年越《としこ》しそばを食《く》わせるな」。つまり事件発生《じけんはっせい》の年内《ねんない》に私《わたし》を逮捕《たいほ》しようということだったんです。

（浪速人権文化《なにわじんけんぶんか》センターでの講演《こうえん》より。二〇〇三年《ねん》九月《がつ》二四日《か》）

罪《つみ》を犯《おか》していない人《ひと》が犯罪《はんざい》の容疑《ようぎ》をかけられることを「冤罪《えんざい》」という。何度《なんど》も書《か》いてきたけれど、冤罪《えんざい》は珍《めずら》しいことじゃない。警察官《けいさつかん》や検察官《けんさつかん》は確《たし》かに捜査《そうさ》のプロだけど、「人《ひと》」であるかぎりは、必《かなら》ずまちがうことがある。誰《だれ》かを有罪《ゆうざい》にしなくてはならないとする気持《きも》ちばかりが先行《せんこう》して、証拠《しょうこ》を偽造《ぎぞう》する場合《ばあい》もある。

裁判官《さいばんかん》も、捜査機関《そうさきかん》と同《おな》じようにまちがうことがある。そもそも最初《さいしょ》に長野県警《ながのけんけい》が河野《こうの》さんの家《いえ》に家宅捜索《かたくそうさく》を行《おこな》ったとき、これを許可《きょか》したのは、松本簡易裁判所《まつもとかんいさいばんしょ》の裁判《さいばん》官《かん》だった。つまりこの裁判官《さいばんかん》も、河野《こうの》さんが怪《あや》しいと思《おも》ったのだ。

河野《こうの》さんの場合《ばあい》は、たまたま真犯人《しんはんにん》であるオウム真理教《しんりきょう》が、その後《ご》も事件《じけん》を起《お》こしたから潔白《けっぱく》であることが明《あき》らかになった。

ここで考《かんが》えてみてほしい。

もしも真犯人《しんはんにん》が見《み》つからなかったら、日本中《にほんじゅう》から犯人《はんにん》に違《ちが》いないと思《おも》われていた河《こう》野《の》さんは起訴《きそ》されて裁判《さいばん》で有罪《ゆうざい》となって、刑務所《けいむしょ》に入《い》れられたかもしれない。この事《じ》件《けん》では八人《にん》が亡《な》くなっているから、死刑《しけい》になったとしても不思議《ふしぎ》じゃない。そして、河《こう》野《の》さんのケースが特別《とくべつ》なわけでもない。冤罪《えんざい》で苦《くる》しんでいる人《ひと》は、他《ほか》にも大勢《おおぜい》いる。

僕《ぼく》らが気《き》づいていないだけなんだ。

不当逮捕

第《だい》二次世界大戦中《じせかいたいせんちゅう》の一九四二年《ねん》、社会運動《しゃかいうんどう》を弾圧《だんあつ》して国民《こくみん》の思想《しそう》を統制《とうせい》するための法律《ほうりつ》「治安維持法《ちあんいじほう》」違反《いはん》の容疑《ようぎ》で、およそ六〇名《めい》の作家《さっか》や出版社《しゅっぱんしゃ》の人《ひと》たちが逮捕《たいほ》され、四人《にん》が取《と》り調《しら》べ中《ちゅう》に亡《な》くなった。拷問《ごうもん》で殺《ころ》された可能性《かのうせい》は高《たか》い。

警察《けいさつ》が彼《かれ》らを拷問《ごうもん》した理由《りゆう》は、当時《とうじ》は違法《いほう》な活動《かつどう》とされていた共産党活動《きょうさんとうかつどう》をやっていたと自白《じはく》させるためだった。でもこれは、まったくの冤罪《えんざい》だった。結局《けっきょく》は三〇人《にん》以上《いじょう》が起訴《きそ》されて、その大半《たいはん》に有罪《ゆうざい》の判決《はんけつ》が下《くだ》ったこの「横浜事件《よこはまじけん》」の再審請求《さいしんせいきゅう》（確定《かくてい》した判決《はんけつ》はまちがいであるとして裁判《さいばん》のやり直《なお》しを求《もと》めること）は、何十年《なんねん》にもわたって裁判所《さいばんしょ》から棄却《ききゃく》（再審《さいしん》を拒否《きょひ》されること）され続《つづ》けて、二〇〇九年《ねん》四月《がつ》の第《だい》四次再審請求《じさいしんせいきゅう》は免訴《めんそ》（有罪《ゆうざい》・無罪《むざい》の判断《はんだん》をせずに裁判《さいばん》を打《う》ち切《き》ること）とされた。つまり「なかったことにしましょう」ということだ。あまりに虫《むし》がよすぎる。

あるいは『蟹工船《かにこうせん》』を書《か》いた小林多喜二《こばやしたきじ》も、やはり共産党活動《きょうさんとうかつどう》をしていたことを理《り》由《ゆう》に逮捕《たいほ》されて、一九三三年《ねん》、特高警察《とっこうけいさつ》の過酷《かこく》な拷問《ごうもん》で殺《ころ》されている。何《なに》も悪《わる》いことをしていないのに警察《けいさつ》に逮捕《たいほ》されて、取《と》り調《しら》べとは名《な》ばかりの拷問《ごうもん》で殺《ころ》される。まるでどこかの独裁国家《どくさいこっか》のような話《はなし》だけど、かつてこの国《くに》で、そんな事例《じれい》はいくらでもあった。多《おお》くの人《ひと》が不当《ふとう》に逮捕《たいほ》されて、やってもいない罪《つみ》のために罰《ばつ》を受《う》け、そして殺《ころ》された。

だからこそ、無罪推定原則《むざいすいていげんそく》はとても大切《たいせつ》だ。でもこの国《くに》のメディアでは現在《げんざい》も、それがほとんど守《まも》られていない。

逮捕《たいほ》されたその段階《だんかい》では、まだ容疑者《ようぎしゃ》であって犯人《はんにん》とはかぎらないということを多《おお》くの人《ひと》が知《し》っていれば、松本《まつもと》サリン事件《じけん》のような報道《ほうどう》は起《お》きなかったはずだ。でも残《ざん》念《ねん》ながら多《おお》くの人《ひと》はそれを知《し》ることもなく、警察《けいさつ》に逮捕《たいほ》されたその瞬間《しゅんかん》に、「犯人《はんにん》はこの人《ひと》なのだ」と思《おも》い込《こ》んでしまう。「○○容疑者《ようぎしゃ》を逮捕《たいほ》しました」との報道《ほうどう》があれば、きっとあなただって、「犯人《はんにん》は○○だったのか」と思《おも》うはずだ。

人《ひと》の営《いとな》みや感情《かんじょう》は原則《げんそく》どおりにはゆかない。でも、くり返《かえ》すけれど容《よう》疑《ぎ》者《しゃ》や被告人《ひこくにん》が犯人《はんにん》だとはかぎらない。今《いま》メディアは、あるいは自分《じぶん》は、無罪推定《むざいすいてい》の原則《げんそく》を踏《ふ》み外《はず》していないかどうか、常《つね》に問《と》いかけることを忘《わす》れないでほしい。

正しい裁判を守るもの

司法《しほう》は民主主義《みんしゅしゅぎ》の要《かなめ》であり、分散《ぶんさん》した三つの権力《けんりょく》の一つであり、何《なに》よりも集団生活《しゅうだんせいかつ》を選《えら》んだ人類《じんるい》にとってはとても重要《じゅうよう》なシステムだけど、裁《さば》くのは結局《けっきょく》のところ人《ひと》なのだ。ならば、まちがいがあって当《あ》たり前《まえ》。だから人《ひと》を裁《さば》くときは、可能《かのう》なかぎり慎重《しんちょう》であらねばならない。治安権力《ちあんけんりょく》を後《うし》ろ盾《だて》にした司法《しほう》の強制力《きょうせいりょく》はとても大《おお》きい。個《こ》に対《たい》しては暴力《ぼうりょく》なのだ。慎重《しんちょう》すぎるということはない。

たとえばもしもあなたのクラスで、先生《せんせい》が給食費《きゅうしょくひ》を集《あつ》めてから、教卓《きょうたく》の上《うえ》にうっかり置《お》き忘《わす》れたとしよう。先生《せんせい》がトイレに行《い》っているあいだに、それが消《き》えていた。このとき、いつも先生《せんせい》に怒《おこ》られてばかりいる○○くんがどこかに隠《かく》したのだ、と誰《だれ》かが発言《はつげん》したとする。

「証拠《しょうこ》は？　君《きみ》はその瞬間《しゅんかん》を見《み》たの？」

「見《み》てないよ。でもこんなことをするのは○○に決《き》まっている」

もしもそんなことを言《い》う誰《だれ》かがいたら、あなただって「いくら何《なん》でも」と思《おも》うはずだ。ところが噂《うわさ》は広《ひろ》がる。証拠《しょうこ》があるのかと冷静《れいせい》に言《い》う人《ひと》は少《すく》なくなる。○○くんは孤立《こりつ》する。やがてあなたも、「やっぱり○○がやったのだろうか」などと思《おも》い込《こ》んでしまうかもしれない。

あなたのクラスには、テレビやラジオなどのマスメディアはない。ところがこの社《しゃ》会《かい》には、テレビや新聞《しんぶん》や雑誌《ざっし》、SNSなどのメディアが存在《そんざい》している。だからこうした思《おも》い込《こ》みや早《はや》とちりが、とても簡単《かんたん》に、そして大規模《だいきぼ》に広《ひろ》がってしまうことがある。

だからこそ近代司法《きんだいしほう》は、無罪推定原則《むざいすいていげんそく》、罪刑法定主義《ざいけいほうていしゅぎ》と合《あ》わせて、「デュー・プロセス（適正《てきせい》な手続《てつづ》き）」を最重要《さいじゅうよう》な原則《げんそく》として定《さだ》めている。司法《しほう》は法律《ほうりつ》に基《もと》づいた適正《てきせい》な手続《てつづ》きを保障《ほしょう》されなければならない。これを言《い》い換《か》えれば、適正《てきせい》な手続《てつづ》きをちゃんと踏《ふ》んでいないのなら、どんなに信憑性《しんぴょうせい》があったとしても判決《はんけつ》は無効《むこう》にされなければいけないのだ。

あなたに知《し》ってほしい。

司法《しほう》とは、裁判《さいばん》とは、それほどに慎重《しんちょう》に進《すす》めねばならない制度《せいど》だ。いっときの感情《かんじょう》や思《おも》い込《こ》みで、人《ひと》を裁《さば》いてはならない。なぜなら有罪《ゆうざい》と認定《にんてい》された人《ひと》は、罰金《ばっきん》や長期《ちょうき》の拘束《こうそく》、場合《ばあい》によっては命《いのち》を絶《た》たれるなど、国家《こっか》による「暴力《ぼうりょく》」をこれから受《う》けるからだ。

こんな言《い》い方《かた》は、あなたを脅《おど》すようで、あまり好《す》きではないけれど、もしもあなたが感情的《かんじょうてき》で思《おも》い込《こ》みばかりのずさんな裁判《さいばん》も時《とき》には仕方《しかた》がないと思《おも》うのなら、あなただっていつなんどき、身《み》におぼえのない容疑《ようぎ》で被告人《ひこくにん》にされるかもしれない。犯罪者《はんざいしゃ》にされるかもしれない。このことを忘《わす》れないでほしい。

まとめ

一時《いっとき》の感情《かんじょう》や思《おも》い込《こ》みで人《ひと》を裁《さば》いてはダメ

☞罪《つみ》の内容《ないよう》と刑罰《けいばつ》の程度《ていど》を、法律《ほうりつ》できちんと定《さだ》めておこう＝罪刑法定主義《ざいけいほうていしゅぎ》。

☞「疑《うたが》わしきは罰《ばつ》せず」「疑《うたが》わしきは被告人《ひこくにん》の利益《りえき》に」＝無罪推定原則《むざいすいていげんそく》。

☞司法《しほう》は民主主義《みんしゅしゅぎ》の中心《ちゅうしん》（三権分立《さんけんぶんりつ》の一つ）だが強制《きょうせい》力《りょく》も大《おお》きい。だから法律《ほうりつ》に基《もと》づき、適正《てきせい》な手続《てつづ》き＝デュー・プロセスを保障《ほしょう》されなければならない。

……………【三権分立《さんけんぶんりつ》って？】……………

国家《こっか》の権力《けんりょく》を、立法《りっぽう》（法律《ほうりつ》を作る）・行政《ぎょうせい》（法律《ほうりつ》に基《もと》づいて政治《せいじ》を行う）・司法《しほう》（法律《ほうりつ》に基《もと》づいて裁《さば》く）の三権《さんけん》に分《わ》けること。立法《りっぽう》を国会《こっかい》、行政《ぎょうせい》を内閣《ないかく》、司法《しほう》を裁判所《さいばんしょ》が担当《たんとう》し、それぞれが相互《そうご》に監視《かんし》やけん制《せい》をし合《あ》うことで、権《けん》力《りょく》の暴走《ぼうそう》を防《ふせ》ぎ、国民《こくみん》の基本的権利《きほんてきけんり》を保障《ほしょう》しようとするシステムで、日本《にほん》でも取《と》り入《い》れられている。

第3章

裁判と国民

裁判員制度って？

あなたは「裁判員制度《さいばんいんせいど》」を知《し》っているだろうか。

二〇歳《さい》（二〇二三年《ねん》からは一八歳《さい》）以上《いじょう》の国民《こくみん》が刑事裁判《けいじさいばん》に参加《さんか》して、被告人《ひこくにん》が有《ゆう》罪《ざい》かどうか、有罪《ゆうざい》の場合《ばあい》はどのような刑《けい》にするかを、裁判官《さいばんかん》と一緒《いっしょ》に決《き》める制度《せいど》だ。二〇〇九年《ねん》から始《はじ》まった。あなたも二〇歳《さい》（か一八歳《さい》）になったら、裁判員《さいばんいん》に選《えら》ばれて刑事裁判《けいじさいばん》に参加《さんか》する可能性《かのうせい》がある。

ただし裁判《さいばん》の数《かず》はとても多《おお》い。そのすべてを対象《たいしょう》にしたら、参加《さんか》する国民《こくみん》にとっては大変《たいへん》な負担《ふたん》になる。だから裁判員制度《さいばんいんせいど》が導入《どうにゅう》される裁判《さいばん》は、殺人《さつじん》とか放火《ほうか》とか誘拐《ゆうかい》とか、大《おお》きな事件《じけん》に限定《げんてい》されている。

日本《にほん》の裁判員制度《さいばんいんせいど》とは少《すこ》し違《ちが》うけれど、アメリカやイギリスの裁判《さいばん》には、「陪審制《ばいしんせい》度《ど》」が採用《さいよう》されている。ドイツやフランス、イタリアなどでは、「参審制度《さんしんせいど》」を採用《さいよう》している。どちらも市民《しみん》が裁判《さいばん》に参加《さんか》する制度《せいど》だ。アメリカ映画《えいが》などでは、一般市民《いっぱんしみん》が裁判《さいばん》に参加《さんか》するシーンがよく出《で》てくる。

ここまで僕《ぼく》は、できるだけわかりやすくまとめたつもりだ。でも気《き》をつけよう。「わかりやすい」ということは、「情報《じょうほう》を整理《せいり》している」ということだ。もちろん整理《せいり》できるのならしたほうがいい。でもやりすぎるとよくない。大切《たいせつ》なことが抜《ぬ》け落《お》ちてしまうことがある。これだけでわかったような気分《きぶん》になってしまってはだめ。あとから後悔《こうかい》することになる。

現代《げんだい》はとてもたくさんの情報《じょうほう》が流通《りゅうつう》している時代《じだい》でもある。そのすべてを知《し》ることなど、どんな天才《てんさい》でも不可能《ふかのう》だ。だからメディアは情報《じょうほう》をわかりやすく整理《せいり》（要約《ようやく》）する。そのほうが視聴者《しちょうしゃ》や読者《どくしゃ》に喜《よろこ》ばれるからだ。つまり、あなたが見聞《みき》きする情報《じょうほう》の大半《たいはん》は、記者《きしゃ》やディレクターやライターなどによって、「わかりやすく」整理《せいり》された情報《じょうほう》なのだ。

ここで問題《もんだい》は、その整理《せいり》や整頓《せいとん》の方法《ほうほう》に、決《き》まったルールはないということ。部屋《へや》を掃除《そうじ》するときも、昔《むかし》のテスト用紙《ようし》を捨《す》ててしまう人《ひと》もいれば、大切《たいせつ》に保管《ほかん》する人《ひと》もいる。

つまり整理《せいり》された情報《じょうほう》は、その記事《きじ》を書《か》く記者《きしゃ》やライター、映像《えいぞう》を撮《と》るカメラマンやディレクターが違《ちが》えば、まったく違《ちが》うものになる可能性《かのうせい》がある。

だからあなたにお願《ねが》い。

わかりやすさには気《き》をつけよう。現実《げんじつ》は単純《たんじゅん》ではない。とても複雑《ふくざつ》で多面的《ためんてき》だ。一つの情報《じょうほう》ができあがるまでには、その過程《かてい》でとてもたくさんの情報《じょうほう》が、刈《か》り込《こ》まれたり切《き》り捨《す》てられたり（時《とき》には付《つ》け足《た》されたり）していると考《かんが》えてほしい。

矮小化される世界

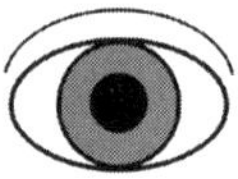

ジョージ・オーウェルという作家《さっか》が書《か》いた『一九八四年《ねん》』という小説《しょうせつ》がある。核戦争《かくせんそう》が終《お》わったあとの世界《せかい》を描《えが》いたＳＦだ。この小説《しょうせつ》の舞台《ぶたい》となるオセアニアという国《くに》

は、「ビッグ・ブラザー」と呼《よ》ばれる独裁者《どくさいしゃ》に支配《しはい》されていて、国民《こくみん》は政府《せいふ》から生活《せいかつ》を徹底的《てっていてき》に監視《かんし》され、日常《にちじょう》を管理《かんり》されている。なにしろ日記《にっき》をつけただけで逮捕《たいほ》されるような国家《こっか》なのだ。

この独裁国家《どくさいこっか》でビッグ・ブラザーは国民《こくみん》に、ニュー・スピークという言語《げんご》を使《つか》うことを強制《きょうせい》する。どんな言語《げんご》かというと、曖昧《あいまい》な意味《いみ》を持《も》つ語彙《ごい》（言葉《ことば》の数《かず》）を徹底的《てっていてき》に少《すく》なくしたうえに、文法《ぶんぽう》も単純化《たんじゅんか》した言語《げんご》だ。たとえば桜《さくら》の花《はな》を形容《けいよう》するときには、「白《しろ》い」とか「多《おお》い」とか「いい匂《にお》いがする」くらいの言葉《ことば》しか使《つか》えない。それがニュー・スピークだ。「たおやか」とか「馥郁《ふくいく》」とか「咲《さ》き誇《ほこ》る」などの言葉《ことば》はない。カレーライスを形容《けいよう》するときは「辛《から》い」と「黄色《きいろ》い」だけ。政治《せいじ》や社会《しゃかい》、科学《かがく》についての言葉《ことば》はほぼ存在《そんざい》しない。

そんな言葉《ことば》を使《つか》うことを強制《きょうせい》されるうちに、国民《こくみん》は少《すこ》しずつ、複雑《ふくざつ》なことが考《かんが》えられなくなる。犬《いぬ》は「うるさい」、ビッグマックは「丸《まる》い」、国家《こっか》は「強《つよ》い」、利害《りがい》が対立《たいりつ》する他国《たこく》は「悪《わる》い」、そして自分《じぶん》たちは「正《ただ》しい」。比喩的《ひゆてき》な表現《ひょうげん》もできない。その発《はっ》想《そう》すらできなくなる。過去《かこ》の記録《きろく》も理解《りかい》できない。「抵抗《ていこう》」とか「自由《じゆう》」などの言葉《ことば》は存在《そんざい》しないから、自由《じゆう》を求《もと》めて現政権《げんせいけん》に抵抗《ていこう》する、という発想《はっそう》すらできなくなって、統《とう》治者《ちしゃ》たちに言《い》われるがままになってしまう。

そんなバカな世界《せかい》は小説《しょうせつ》の中《なか》だけだとあなたは思《おも》うかもしれない。でも僕《ぼく》はそうは思《おも》わない。言語《げんご》の影響《えいきょう》は、とても大《おお》きい。オセアニアの国民《こくみん》はビッグ・ブラザーによってニュー・スピークを強制《きょうせい》されたけれど、現実社会《げんじつしゃかい》においても、気《き》づかぬうちに単純《たんじゅん》で簡易《かんい》な言語《げんご》を語《かた》る状況《じょうきょう》を選択《せんたく》してしまうことは多《おお》い。

メディアが発達《はったつ》すればするほど、複雑《ふくざつ》な状況《じょうきょう》は情報《じょうほう》パッケージへと加工《かこう》されることが多《おお》くなり、単純化《たんじゅんか》される傾向《けいこう》が大《おお》きくなる。特《とく》にテレビやネットニュースなどにこの傾向《けいこう》は強《つよ》い。複雑《ふくざつ》でわかりづらい情報《じょうほう》を多《おお》くの人《ひと》は嫌《きら》い、単純《たんじゅん》でわかりやすい情報《じょうほう》を求《もと》める。だからメディアは情報《じょうほう》を単純化《たんじゅんか》する。端数《はすう》は切《き》り上《あ》げか切《き》り下《さ》げ。黒《くろ》か白《しろ》。右《みぎ》か左《ひだり》。正義《せいぎ》か悪《あく》。

こうして世界《せかい》はメディアによって単純化《たんじゅんか》される。少《すこ》し難《むずか》しい言葉《ことば》だけど、「矮小化《わいしょうか》」

という言葉《ことば》を僕《ぼく》は使《つか》いたい。現実《げんじつ》はとても複雑《ふくざつ》なのに、メディアを通《とお》して矮小化《わいしょうか》されるのだ。

公園《こうえん》で写生《しゃせい》する自分《じぶん》を想像《そうぞう》してほしい。キャンバスを前《まえ》に絵筆《えふで》を手《て》にして、あなたは一本《ぽん》の樹《き》を描《えが》いている。そして気《き》がつくはずだ。葉《は》の色《いろ》は緑《みどり》だけではない。黄《き》や赤《あか》やグレーなど、いろんな色《いろ》が混《ま》じり合《あ》っている。樹皮《じゅひ》も茶色《ちゃいろ》一色《しょく》ではないし、空《そら》だって青《あお》一色《しょく》ではない。たくさんの色《いろ》が混在《こんざい》するグラデーション。ところがメディアは、葉《は》は緑《みどり》で樹皮《じゅひ》は茶色《ちゃいろ》、空《そら》は青《あお》、と説明《せつめい》する。それは情報《じょうほう》だ。現実《げんじつ》とは違《ちが》う。

だから気《き》をつけよう。与《あた》えられた情報《じょうほう》を鵜呑《うの》みにしないで、できるだけ考《かんが》えよう。

考える癖をつけよう

1章《しょう》で僕《ぼく》は、旧石器時代《きゅうせっきじだい》に生《い》きていた二人のネアンデルタール人《じん》をタイムマシンで今《いま》の時代《じだい》に連《つ》れてきて、ガラスのコップを見《み》せる話《はなし》をした。コップの説明《せつめい》で大切《たいせつ》なこ

とは、水《みず》やジュースや牛乳《ぎゅうにゅう》などを飲《の》むことに使《つか》う道具《どうぐ》であるということ。でも初《はじ》めてコップを見《み》た二人のネアンデルタール人《じん》にとっては、実際《じっさい》に誰《だれ》かがコップを使《つか》って水やジュースを飲《の》む瞬間《しゅんかん》を見《み》せないかぎり、この情報《じょうほう》はわかりづらい。だから四角《しかく》いとか丸《まる》いとか透明《とうめい》だとか、形《かたち》や色《いろ》など表面的《ひょうめんてき》でわかりやすい特徴《とくちょう》ばかりに反応《はんのう》して、わかったような気分《きぶん》になって自分《じぶん》たちの世界《せかい》に帰《かえ》ってしまった。たぶん彼《かれ》らの世界《せかい》では、未来世界《みらいせかい》から帰《かえ》ってきた二人がメディアとなって、コップは丸《まる》くて四角《しかく》で透明《とうめい》な何《なに》かだよ、と多《おお》くの人《ひと》に伝《つた》えているだろう。水《みず》やジュースを飲《の》むためのものとは誰《だれ》も発想《はっそう》しない。つまり、自発的《じはってき》なニュー・スピークだ。

特《とく》に最近《さいきん》のテレビや新聞《しんぶん》、雑誌《ざっし》などのメディアは、ほかのメディアとの競争《きょうそう》が過熱《かねつ》したことで、わかりやすさをもっとも大切《たいせつ》なこととして追《お》い求《もと》める傾向《けいこう》が、とても強《つよ》くなってしまっている。

だからメディアに接《せっ》しながら、いつも考《かんが》える癖《くせ》をつけよう。丸《まる》くて白《しろ》いもの、ともし言《い》われたら、触《さわ》った感《かん》じとか、匂《にお》いとか、それができるまでの過程《かてい》とか、それがどのように使《つか》われるかを考《かんが》えよう。想像《そうぞう》しよう。それはもしかしたらチーズのかたまりかもしれないし、白《しろ》い碁石《ごいし》かもしれないし、お供《そな》え用《よう》のお餅《もち》かもしれないのだから。

ずいぶん話《はなし》がそれた。裁判《さいばん》の話《はなし》だ。

現在《げんざい》の刑事裁判《けいじさいばん》は合議制《ごうぎせい》といって、基本的《きほんてき》には三人《にん》の裁判官《さいばんかん》が担当《たんとう》する（一人や四人《にん》の場合《ばあい》もある）。裁判員制度《さいばんいんせいど》が導入《どうにゅう》されてからは、そこに裁判員《さいばんいん》として六人《にん》の市民《しみん》が列席《れっせき》することになった。

裁判員《さいばんいん》の対象《たいしょう》は、基本的《きほんてき》には二〇歳《さい》（二〇二三年からは一八歳《さい》）以上《いじょう》の国民《こくみん》すべてだ。一部《いちぶ》の例外《れいがい》（年齢《ねんれい》が七〇歳《さい》以上《いじょう》だとか学生《がくせい》であるとか、あるいは妊娠中《にんしんちゅう》であるとか、親族《しんぞく》の介護《かいご》をせねばならないなどの事情《じじょう》がある場合《ばあい》）を除《のぞ》けば、指名《しめい》されたら拒《きょ》否《ひ》することはできない。もしも正当《せいとう》な理由《りゆう》がないままに拒否《きょひ》をすれば、一〇万円以下《まんえんいか》の過料《かりょう》を支払《しはら》うことが決《き》められている。

一つの裁判《さいばん》については、だいたい五〇人《にん》から一〇〇人《にん》くらいの裁判員候補者《さいばんいんこうほしゃ》が、まずは選《えら》ばれる。候補者《こうほしゃ》は裁判所《さいばんしょ》から通知《つうち》を受《う》け取《と》って出頭《しゅっとう》を求《もと》められ、面接《めんせつ》や書類《しょるい》などで思想《しそう》や行状《ぎょうじょう》を調《しら》べられ、裁判員《さいばんいん》にふさわしいかどうかを審査《しんさ》される。その結果《けっか》、ふさわしい人《ひと》を裁判員《さいばんいん》にし、さらに予備裁判員《よびさいばんいん》も決《き》める。

評決《ひょうけつ》は三人《にん》の裁判官《さいばんかん》と六人《にん》の裁判員《さいばんいん》の多数決《たすうけつ》で決《き》められる。ただし多数意見《たすういけん》のほうには、必《かなら》ず一人以上《いじょう》の裁判官《さいばんかん》の賛成《さんせい》があることが条件《じょうけん》だ。

誰もが加害者になる？

自分《じぶん》が警察《けいさつ》に捕《つか》まる状況《じょうきょう》を想像《そうぞう》してほしい。こう言《い》われたらあなたはたぶん、「自分《じぶん》は警察《けいさつ》に捕《つか》まるような悪《わる》いことなどするはずがない」と思《おも》うだろう。

確《たし》かに可能性《かのうせい》は高《たか》くはない。でも決《けっ》して低《ひく》くもない。世《よ》の中《なか》にはいろいろな人《ひと》がいる。名門大学《めいもんだいがく》を卒業《そつぎょう》して大企業《だいきぎょう》に入社《にゅうしゃ》して優《やさ》しい家族《かぞく》にも恵《めぐ》まれたのに、ふと万引《まんび》きをしてしまったり人《ひと》を傷《きず》つけてしまったりして、大切《たいせつ》な生活《せいかつ》を壊《こわ》してしまった人《ひと》はいくらでもいる。

現在の刑事裁判は合議制

車《くるま》を運転《うんてん》しながら一瞬《いっしゅん》だけスマホに気《き》をとられて、道路《どうろ》に飛《と》び出《だ》してきた子《こ》どもを轢《ひ》いてしまうかもしれない。知《し》らないうちに詐欺事件《さぎじけん》に巻《ま》き込《こ》まれることだってあるかもしれない。

この国《くに》には多《おお》くの事件《じけん》の被害者《ひがいしゃ》がいる。この国《くに》だけではない。世界《せかい》には多《おお》くの被害《ひがい》者《しゃ》がいる。そして理屈《りくつ》では、被害者《ひがいしゃ》と同《おな》じ数《かず》だけ加害者《かがいしゃ》がいる。

加害者《かがいしゃ》は決《けっ》して特別《とくべつ》な人《ひと》たちではない。みな子《こ》どものころは今《いま》のあなたたちと同《おな》じように、宿題《しゅくだい》を忘《わす》れて怒《おこ》られたり、いたずらをしたり、誰《だれ》かを好《す》きになったりしていたはずだ。

予期《よき》しないことやありえないこと。人生《じんせい》にはいろんなことが起《お》きる。そのたびにコースが変《か》わる。そしていろんな人《ひと》のコースは、複雑《ふくざつ》に結《むす》びついている。どれかとどれかがからみ合《あ》う。行《い》き止《ど》まりになる。ブレーキが思《おも》うように利《き》かなくなる。アクセルを踏《ふ》みすぎてしまう。道《みち》をまちがえる。つまりこれもまた、決《けっ》して単純《たんじゅん》でもないしわかりやすくもない。

そんな様々《さまざま》な出来事《できごと》の結果《けっか》として、人《ひと》は時《とき》おり道《みち》を踏《ふ》み外《はず》す。社会《しゃかい》のルールを破《やぶ》る。違法行為《いほうこうい》を犯《おか》してしまう。ものを盗《ぬす》んでしまう。人《ひと》を傷《きず》つける。時《とき》にはエスカレートして殺《ころ》してしまう。

僕《ぼく》は以前《いぜん》、取材《しゅざい》の過程《かてい》で会《あ》った刑務所《けいむしょ》の元刑務官看守《もとけいむかんかんしゅ》から、「あくまでも印象《いんしょう》だけど、有期刑《ゆうきけい》の囚人《しゅうじん》よりも死刑囚《しけいしゅう》のほうが善良《ぜんりょう》だよ」と言《い》われたことがある。有期刑《ゆうきけい》の囚人《しゅうじん》とは裁判《さいばん》の結果《けっか》として一五年《ねん》や二〇年《ねん》などの懲役《ちょうえき》や禁錮刑《きんこけい》を言《い》い渡《わた》されて服役《ふくえき》している人《ひと》。そして死刑囚《しけいしゅう》は、あまりに凶悪《きょうあく》な事件《じけん》を起《お》こしたとして、やがて処刑《しょけい》されることが決定《けってい》した人《ひと》。普通《ふつう》に考《かんが》えれば死刑囚《しけいしゅう》のほうが懲役囚《ちょうえきしゅう》よりも凶暴《きょうぼう》で冷酷《れいこく》だ。でもそうではないと彼《かれ》は言《い》う。どういう意味《いみ》ですかと訊《き》いたら、多《おお》くの死刑囚《しけいしゅう》は気《き》が小《ち》さくてパニックになりやすい人《ひと》だよ、と彼《かれ》は説明《せつめい》した。だから追《お》い詰《つ》められたら後先考《あとさきかんが》えずに人《ひと》を殺《ころ》してしまう。もちろん例外《れいがい》はいるけれど、死刑囚《しけいしゅう》にはそんな人《ひと》が多《おお》いよ、と。

……だからもう一回《いっかい》あなたに言《い》いたい。加害者《かがいしゃ》になる可能性《かのうせい》は、あなたが思《おも》うほど低《ひく》くはない。

逮捕されたらどうなるの？

もしもあなたが罪《つみ》を犯《おか》して逮捕《たいほ》されたら、まずは警察署《けいさつしょ》の留置場《りゅうちじょう》に入《い》れられる。それから同《おな》じ警察署内《けいさつしょない》の一室《いっしつ》で取《と》り調《しら》べを受《う》ける。これを「代用監獄《だいようかんごく》」（代用刑事施設《だいようけいじしせつ》）という。刑事訴訟法《けいじそしょうほう》では、「容疑者《ようぎしゃ》（被疑者《ひぎしゃ》）は刑事施設《けいじしせつ》に留置《りゅうち》する」ことが決《き》められている。この場合《ばあい》の刑事施設《けいじしせつ》とは、主《おも》に未決拘禁者《みけつこうきんしゃ》（被疑者《ひぎしゃ》や被告人《ひこくにん》）を収容《しゅうよう》する拘置所《こうちしょ》を示《しめ》している。警察署《けいさつしょ》ではない。ところがこの原則《げんそく》が、現状《げんじょう》ではほとんど守《まも》られていない。まずはこの代用監獄《だいようかんごく》が、できるだけ早急《そうきゅう》に解決《かいけつ》しなくてはいけない問題《もんだい》だ。

これの何《なに》が問題《もんだい》かと言《い》えば、容疑者《ようぎしゃ》の自白《じはく》を得《え》るために、警察《けいさつ》による長時間《ちょうじかん》の取《と》り調《しら》べが、毎日《まいにち》のように（最長《さいちょう》で二三日《にち》）早朝《そうちょう》から夜遅《よるおそ》くまで続《つづ》くからだ。しかもこのあいだは、弁護士《べんごし》との接見《せっけん》すら制限《せいげん》される。家族《かぞく》や友人《ゆうじん》への連絡《れんらく》もほぼできない。まだ犯人《はんにん》と決《き》まったわけではないのに、ほぼ犯人《はんにん》のような扱《あつか》いだ。

一昔前《ひとむかしまえ》までは、このときに殴《なぐ》ったり蹴《け》ったりする拷問《ごうもん》のような取《と》り調《しら》べが普通《ふつう》にあった。だから冤罪《えんざい》の温床《おんしょう》になる。『蟹工船《かにこうせん》』の小林多喜二《こばやしたきじ》や「横浜事件《よこはまじけん》」の被告《ひこく》たちが拷問《ごうもん》を受《う》けたその場所《ばしょ》も、当時《とうじ》の代用監獄《だいようかんごく》だった。

今《いま》はさすがに死《し》に至《いた》るほどの拷問《ごうもん》はないだろうと思《おも》うけれど、容疑者《ようぎしゃ》が脅《おど》されたり騙《だま》されたりすることは頻繁《ひんぱん》に起《お》きている。「足利事件《あしかがじけん》」の菅家《すがや》さんの場合《ばあい》も、代用監獄《だいようかんごく》で刑事《けいじ》たちに激《はげ》しく責《せ》められて自白《じはく》を強要《きょうよう》されたことで、やってもいない事件《じけん》の真犯人《しんはんにん》にされてしまったことが明《あき》らかになっている。

何《なに》も悪《わる》いことをやっていなかったとしても、警察署《けいさつしょ》の一室《いっしつ》に監禁《かんきん》されて食事《しょくじ》や睡眠《すいみん》など生活《せいかつ》をすべて監視《かんし》され、さらに毎日《まいにち》のように早朝《そうちょう》から深夜《しんや》まで取《と》り調《しら》べを受《う》けることで精神的《せいしんてき》に追《お》い詰《つ》められ、早《はや》く解放《かいほう》されたくなって適当《てきとう》な返事《へんじ》をしてしまうことがあるかもしれない。時《とき》には、今罪《いまつみ》を認《みと》めれば罰《ばつ》を軽《かる》くしてやるとか、認《みと》めなければおまえの家族《かぞく》や友達《ともだち》も逮捕《たいほ》されるかもな、などと刑事《けいじ》から言《い》われ、思《おも》わず自分《じぶん》がやりましたと言《い》ってしまうかもしれない。しかも代用監獄《だいようかんごく》の取《と》り調《しら》べは密室《みっしつ》で行《おこな》われていて弁護士《べんごし》も立《た》ち会《あ》えないから、何《なに》があったのか外部《がいぶ》の人《ひと》にはわからない。これを取《と》り調《しら》べの不可視性《ふかしせい》という。供述調書《きょうじゅつちょうしょ》を警察《けいさつ》や検察官《けんさつかん》が適当《てきとう》に書《か》いて「ここにサインだけしろ」と言《い》われて容疑者《ようぎしゃ》がサインした場合《ばあい》も、法廷《ほうてい》で被告人《ひこくにん》を有罪《ゆうざい》とする重要《じゅうよう》な証《しょう》拠《こ》になってしまう。

こうした問題《もんだい》の根底《こんてい》にあるものは、日本《にほん》の刑事裁判《けいじさいばん》が、あまりに供述調書《きょうじゅつちょうしょ》を重要《じゅうよう》視《し》しすぎることだ。僕《ぼく》も実際《じっさい》に法廷《ほうてい》で目撃《もくげき》したことがあるけれど、取《と》り調《しら》べ段階《だんかい》で自《じ》白《はく》したとされる被告人《ひこくにん》が、「自白《じはく》などしていません。その調書《ちょうしょ》は取調官《とりしらべかん》が勝手《かって》に書《か》いて、サインだけしろと脅《おど》されて署名捺印《しょめいなついん》したものです」と説明《せつめい》しているのに、裁判官《さいばんかん》は供述調書《きょうじゅつちょうしょ》があるからと言《い》って、その抗議《こうぎ》を聞《き》き入《い》れないことがあった。

つまり供述調書《きょうじゅつちょうしょ》は、判子《はんこ》のようなものだ。一〇〇円《えん》ショップでも購入《こうにゅう》できる判子《はんこ》に、絶対的《ぜったいてき》な効力《こうりょく》を与《あた》えられてしまう。その判子《はんこ》を押《お》したとされる本人《ほんにん》が「絶対《ぜったい》に押《お》していない」と言《い》っても、聞《き》き入《い》れてはもらえない。

仮《かり》に百歩譲《ひゃっぽゆず》って、被告人《ひこくにん》が自発的《じはってき》に供述内容《きょうじゅつないよう》に同意《どうい》し署名捺印《しょめいなついん》したとしても、その本人《ほんにん》が「事実《じじつ》とは違《ちが》う」と法廷《ほうてい》で発言《はつげん》しているのだから、そちらを優先《ゆうせん》すべきだと僕《ぼく》は思《おも》う。大切《たいせつ》なことは、過去《かこ》に判子《はんこ》を押《お》したかどうかではなく、現在《げんざい》の本人《ほんにん》が調書《ちょうしょ》に書《か》かれていることが事実《じじつ》だと認《みと》めているかどうかだ。

でも日本《にほん》の裁判官《さいばんかん》の多《おお》くは、現在《げんざい》より過去《かこ》を優先《ゆうせん》する。言葉《ことば》よりも書類《しょるい》や判子《はんこ》を重要視《じゅうようし》する。調書《ちょうしょ》を全面的《ぜんめんてき》に信用《しんよう》してしまう。だから警察《けいさつ》や検察《けんさつ》は、とにかく供述調書《きょうじゅつちょうしょ》作《づく》りに必死《ひっし》になる。実際《じっさい》に事件《じけん》に関与《かんよ》したかどうかを調《しら》べることよりも、裁判《さいばん》のときに有罪《ゆうざい》を導《みちび》き出《だ》せるような調書《ちょうしょ》を作《つく》ることが、大切《たいせつ》な仕事《しごと》になってしまう。

悪人に弁護はいらない？

もう一つの問題《もんだい》はポピュリズム。この言葉《ことば》の意味《いみ》は、世論《よろん》に迎合《げいごう》（相手《あいて》の考《かんが》え方《かた》に調子《ちょうし》を合《あ》わせること）すること。

本来《ほんらい》、裁判官《さいばんかん》は、公正《こうせい》な裁判《さいばん》をするために、自《みずか》らの良心以外《りょうしんいがい》の圧力《あつりょく》や人間関係《にんげんかんけい》について、いっさい気《き》にしなくてよいとされている。上司《じょうし》や先輩《せんぱい》がどう思《おも》うかは気《き》にしなくていい。内閣総理大臣《ないかくそうりだいじん》が判決《はんけつ》に不満《ふまん》を述《の》べたとしても無視《むし》していい。その立場《たちば》と権《けん》限《げん》を裁判官《さいばんかん》は保障《ほしょう》されている。

ところが自分《じぶん》の良心《りょうしん》にだけ従《したが》えばいいはずの裁判官《さいばんかん》の判決《はんけつ》に、近年《きんねん》は違《ちが》う力《ちから》が働《はたら》きはじめている。それもとても強《つよ》く。メディアによって煽《あお》られる民意《みんい》（世論《よろん》）だ。

多《おお》くの人《ひと》が注目《ちゅうもく》する事件《じけん》の裁判《さいばん》には、多《おお》くの人《ひと》の関心《かんしん》が集《あつ》まる。それは当然《とうぜん》のこと。

そして近年《きんねん》は、「犯罪者《はんざいしゃ》にもっと重《おも》い罰《ばつ》を与《あた》えるべきだ」との声《こえ》が、とても強《つよ》くなっている。これを「厳罰化《げんばつか》」という。

その結果《けっか》として、凶悪事件《きょうあくじけん》の被告人《ひこくにん》の弁護士《べんごし》への風当《かぜあ》たりが、近年《きんねん》はとても強《つよ》くなっている。なぜあんな悪《わる》い奴《やつ》を弁護《べんご》するのだ。なぜ悪人《あくにん》をかばうのか。そんな声《こえ》をよく耳《みみ》にする。実例《じつれい》を一つ挙《あ》げよう。「光市母子殺害事件《ひかりしぼしさつがいじけん》」の弁護団《べんごだん》に対《たい》するバッシングだ。

事件《じけん》が起《お》きたのは一九九九年《ねん》の四月《がつ》。山口県光市《やまぐちけんひかりし》の社宅《しゃたく》アパートで、母親《ははおや》と生後《せいご》一一カ月《げつ》の赤《あか》ちゃんが殺害《さつがい》されるという、とても痛《いた》ましい事件《じけん》だった。すぐに捕《つか》まったのは、一八歳《さい》になったばかりの少年《しょうねん》だった。

この裁判《さいばん》が行《おこな》われていたとき弁護団《べんごだん》は、雑誌《ざっし》などで「鬼畜弁護士《きちくべんごし》」などと罵倒《ばとう》されていた。実際《じっさい》にこのときの弁護団《べんごだん》の一人に聞《き》いた話《はなし》だけど、日本全国《にほんぜんこく》から毎日《まいにち》のように、「死《し》ね」とか「悪魔《あくま》」とか書《か》かれたハガキやカミソリが入《はい》った封筒《ふうとう》などが送《おく》られてきたという。

だから最近《さいきん》は、凶悪事件《きょうあくじけん》の弁護士《べんごし》がなかなか決《き》まらない。一九人《にん》の入所者《にゅうしょしゃ》が殺害《さつがい》された相模原市《さがみはらし》の津久井《つくい》やまゆり園殺傷事件《えんさつしょうじけん》（二〇一六年《ねん》）の際《さい》には、弁護団《べんごだん》は一度《いちど》も記者会見《きしゃかいけん》を開《ひら》かないまま、自分《じぶん》たちの顔《かお》と名前《なまえ》を最後《さいご》まで公開《こうかい》しなかった。きわめて異例《いれい》な事態《じたい》だ。

「あんな悪《わる》い奴《やつ》を弁護《べんご》する必要《ひつよう》はない」。最近《さいきん》はよく、こんな言葉《ことば》も耳《みみ》にする。だから考《かんが》えよう。なぜ弁護士《べんごし》という仕事《しごと》があるのかを。

テレビを気にする裁判官

弁護士《べんごし》の仕事《しごと》の本質《ほんしつ》は、無罪《むざい》を勝《か》ち取《と》ることではなく、罰《ばつ》を軽《かる》くすることでもない。それはあくまでも結果《けっか》だ。ならば弁護士《べんごし》の仕事《しごと》の本質《ほんしつ》は何《なに》か。

被告人《ひこくにん》の人権《じんけん》を守《まも》ることだ。

裁判官《さいばんかん》と検察官《けんさつかん》は国家公務員《こっかこうむいん》だ。バックが国家《こっか》なのだから、圧倒的《あっとうてき》な力《ちから》を持《も》っている。犯罪《はんざい》を起《お》こす多《おお》くの人《ひと》は市井《しせい》の人《ひと》だ。法律《ほうりつ》の知識《ちしき》などほとんどない。もしも弁護士《べんごし》がいなければ、圧倒的《あっとうてき》な力《ちから》の前《まえ》に、被告人《ひこくにん》の人権《じんけん》が踏《ふ》みにじられる可能性《かのうせい》はとても高《たか》い。だからこそ、弁護士《べんごし》の存在《そんざい》は必要《ひつよう》だ。

そんな状況《じょうきょう》の中《なか》で、裁判官《さいばんかん》も大《おお》きなプレッシャーを受《う》けている。もしも世間《せけん》の期待《きたい》よりも軽《かる》い罰《ばつ》を言《い》い渡《わた》したら、彼《かれ》らも弁護士《べんごし》のように世間《せけん》からバッシングされるかもしれないのだ。特《とく》に今《いま》はネット時代《じだい》だ。ＳＮＳはあっというまに炎上《えんじょう》する。ならば自《じ》分《ぶん》の出世《しゅっせ》にも影響《えいきょう》する。だから近年《きんねん》は、裁判官《さいばんかん》たちがメディアや世論《よろん》に迎合《げいごう》する傾向《けいこう》がとても強《つよ》くなった。

二〇〇七年《ねん》に東海《とうかい》テレビが放送《ほうそう》した「裁判長《さいばんちょう》のお弁当《べんとう》」は、裁判官《さいばんかん》の仕事《しごと》に密着《みっちゃく》したテレビドキュメンタリーだ。判決《はんけつ》を言《い》い渡《わた》した直後《ちょくご》の裁判官《さいばんかん》が、裁判所内《さいばんしょない》の自分《じぶん》の部屋《へや》にダッシュで戻《もど》るシーンがある。なぜそれほど急《いそ》ぐのか。部屋《へや》に入った裁判官《さいばんかん》はテレビのスイッチを入《い》れる。自分《じぶん》の判決《はんけつ》がニュースでどのように伝《つた》えられているかをチェックするためだ。

世間が許さない？

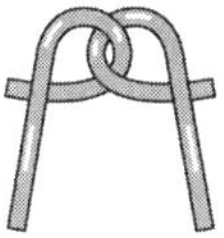

人格障害《じんかくしょうがい》、という言葉《ことば》をあなたも聞《き》いたことがあると思《おも》う。あるいはパーソナリティ障害《しょうがい》。世間《せけん》が注目《ちゅうもく》する大《おお》きな事件《じけん》の場合《ばあい》、被告人《ひこくにん》に対《たい》してこの言葉《ことば》が使《つか》われることが、最近《さいきん》はとても多《おお》くなった。

大《おお》きな事件《じけん》の場合《ばあい》には、被告人《ひこくにん》は精神鑑定《せいしんかんてい》を受《う》ける。そこでもしも、物事《ものごと》の善悪《ぜんあく》を判断《はんだん》する力《ちから》が弱《よわ》い状態《じょうたい》である心神耗弱《しんしんこうじゃく》と鑑定《かんてい》されれば、罰《つみ》は軽減《けいげん》される。物事《ものごと》の善悪《ぜんあく》を判断《はんだん》する力《ちから》がまったくない心神喪失《しんしんそうしつ》と認定《にんてい》されれば、責任能力《せきにんのうりょく》がなかったとして刑《けい》罰《ばつ》は与《あた》えられない（多《おお》くの場合《ばあい》は入院措置《にゅういんそち》となる）。

でもそれは世間《せけん》が許《ゆる》さない。「これほどに凶悪《きょうあく》な事件《じけん》の加害者《かがいしゃ》に罰《ばつ》を与《あた》えないのか」と、裁判所《さいばんしょ》や鑑定医《かんていい》への批判《ひはん》や反発《はんぱつ》が沸《わ》き上《あ》がることは目《め》に見《み》えている。だから最近《さいきん》は、苦肉《くにく》の策《さく》として、心神耗弱《しんしんこうじゃく》や心神喪失《しんしんそうしつ》の可能性《かのうせい》がある被告人《ひこくにん》に対《たい》して、人格障害《じんかくしょうがい》やパーソナリティ障害《しょうがい》という診断名《しんだんめい》をつける。それらの診断名《しんだんめい》であれば、行動《こうどう》は異常《いじょう》だが責任能力《せきにんのうりょく》はあるから厳罰《げんばつ》に処《しょ》することができるというわけだ。

まとめよう。

日本《にほん》の刑事司法《けいじしほう》には大《おお》きな問題《もんだい》がいくつもある。昔《むかし》からあったのは、供述調書偏《きょうじゅつちょうしょへん》重主義《ちょうしゅぎ》と、これを利用《りよう》した代用監獄《だいようかんごく》や密室《みっしつ》での取《と》り調《しら》べの問題《もんだい》だ。そして最近《さいきん》になっ

まとめ

日本《にほん》の裁判《さいばん》、これが問題《もんだい》！

■☞代用監獄《だいようかんごく》（代用刑事施設《だいようけいじしせつ》）

…逮捕《たいほ》されると警察署《けいさつしょ》の留置場《りゅうちじょう》へ入《い》れられて、警察《けいさつ》から毎《まい》日《にち》取《と》り調《しら》べを受《う》ける。このシステムが冤罪《えんざい》につながるという批判《ひはん》がある。

■☞密室《みっしつ》での取《と》り調《しら》べ（取《と》り調《しら》べの不可視性《ふかしせい》）

…暴力的《ぼうりょくてき》な取《と》り調《しら》べで嘘《うそ》の自白《じはく》をさせられたり、警察《けいさつ》や検察官《けんさつかん》が書《か》いた調書《ちょうしょ》に無理矢理《むりやり》署名《しょめい》させられた場合《ばあい》も、その調書《ちょうしょ》が法廷《ほうてい》で重要《じゅうよう》な証拠《しょうこ》になる。

■☞無罪推定原則《むざいすいていげんそく》が守《まも》られていない

…被告人《ひこくにん》の有罪《ゆうざい》が確定《かくてい》するまでは無罪《むざい》として扱《あつか》う、という近代司法国家《きんだいしほうこっか》の大原則《だいげんそく》が崩《くず》れはじめている。

■☞ポピュリズム（世論《よろん》に迎合《げいごう》すること）

…「凶悪犯罪《きょうあくはんざい》には、より重《おも》い罰《ばつ》を」という世論《よよん》が、裁判官《さいばんかん》の判決《はんけつ》に影響《えいきょう》を与《あた》えるようになってきている。

て大《おお》きな問題《もんだい》になってきたのは、厳罰化《げんばつか》を要求《ようきゅう》するメディアや世論《よろん》の影響《えいきょう》で、無罪推《むざいすい》定《てい》という大原則《だいげんそく》が崩《くず》れはじめ、裁判所《さいばんしょ》が世論《よろん》に合《あ》わせはじめたことだ。大《おお》きな事件《じけん》であればあるほどこの傾向《けいこう》は強《つよ》くなる。そんな時代《じだい》に裁判員制度《さいばんいんせいど》は始《はじ》まった。あなたも選《えら》ばれるかもしれないのだ。だから知《し》ってほしい。裁判《さいばん》について。考《かんが》えてほしい。罪《つみ》と罰《ばつ》について。

今《いま》この原稿《げんこう》を書《か》いている僕《ぼく》の横《よこ》で、テレビがニュースを伝《つた》えている。交際《こうさい》していた女性《じょせい》の三歳《さい》の長男《ちょうなん》に熱湯《ねっとう》をかけて殺害《さつがい》したとの容疑《ようぎ》で逮捕《たいほ》された二三歳男性《さいだんせい》のニュースだ。今《いま》のところ男性《だんせい》は、取《と》り調《しら》べ（代用監獄《だいようかんごく》だよ）で容疑《ようぎ》を否認《ひにん》しているという。でもテレビは男性《だんせい》の名前《なまえ》と護送《ごそう》される映像《えいぞう》を、当《あ》たり前《まえ》のように流《なが》している。近所《きんじょ》の人《ひと》のコメントも伝《つた》える。いつかこんなことになると思《おも》っていました。泣《な》き声《ごえ》がよく聞《き》こえてきました。ニュースを伝《つた》える女性《じょせい》アナウンサーは涙声《なみだごえ》だ。

このニュースを見《み》ながら、ほとんどの人《ひと》は、この男性《だんせい》は絶対《ぜったい》に許《ゆる》せないと思《おも》うだろう。

それは僕《ぼく》も同《おな》じ。でも同時《どうじ》に思《おも》う。この男性《だんせい》に明確《めいかく》な殺意《さつい》があったかどうかは、まだわからない。本当《ほんとう》にふざけていたつもりなのかもしれない。シャワーの温度調整《おんどちょうせい》の機能《きのう》が壊《こわ》れていた可能性《かのうせい》だって（きわめて低《ひく》いとは思《おも》うが）あるかもしれない。

もちろん、仮《かり》に明確《めいかく》な殺意《さつい》がなかったとしても許《ゆる》せる行為《こうい》ではない。重《おも》い罰《ばつ》を受《う》けることは当然《とうぜん》だ。でも僕《ぼく》はあなたに、ニュースに接《せっ》しながら思《おも》ってほしい。一瞬《いっしゅん》でいいから思《おも》い出《だ》してほしい。物事《ものごと》は単純《たんじゅん》ではない。伝《つた》えられていることが一〇〇パーセントの事実《じじつ》ではない。何《なに》よりも、本来《ほんらい》ならこの段階《だんかい》では、男性《だんせい》の顔《かお》や名前《なまえ》をメディアは公開《こうかい》すべきではないのだと。

もっと早く、もっと厳しく

そもそも裁判員制度《さいばんいんせいど》は、いつ、どんなふうに始《はじ》まったのだろう。

一九九七年《ねん》に作《つく》られた「自民党司法制度特別調査会《じみんとうしほうせいどとくべつちょうさかい》」で、「司法改革《しほうかいかく》」がキーワードになったことが、そのきっかけだ。確《たし》かに司法《しほう》は改革《かいかく》されるべきだと僕《ぼく》も思《おも》う。でもこのときの司法改革《しほうかいかく》の焦点《しょうてん》は、「民事司法《みんじしほう》の手続《てつづ》きをもっと簡略化《かんりゃくか》しよう」との主旨《しゅし》だった。

またこれだ。簡略化《かんりゃくか》。つまりわかりやすさ。とにかくこの言葉《ことば》には要注意《ようちゅうい》だ。でもなぜ、民事裁判《みんじさいばん》を簡略化《かんりゃくか》する話《はなし》が出《で》てきたかというと、日本《にほん》への進出《しんしゅつ》をもくろんだアメリカ資本《しほん》（企業《きぎょう》）の圧力《あつりょく》を受《う》けた財界《ざいかい》からの要請《ようせい》が、この背景《はいけい》で働《はたら》いていたからだと言《い》われている。つまり「司法《しほう》の規制緩和《きせいかんわ》」だ。

ところがこの時期《じき》は、地下鉄《ちかてつ》サリン事件《じけん》や光市《ひかりし》母子殺害事件《ぼしさつがいじけん》、北朝鮮《きたちょうせん》による拉致問題《らちもんだい》などをきっかけに、それまではほとんど光《ひかり》の当《あ》たらなかった犯罪被害者《はんざいひがいしゃ》やその遺族《いぞく》が、世《よ》の中《なか》から注目《ちゅうもく》される存在《そんざい》になりはじめていたころでもある。

多《おお》くの遺族《いぞく》や被害者《ひがいしゃ》たちの怒《いか》りや苦《くる》しみを、メディアを通《とお》して知《し》った国民《こくみん》は、凶悪《きょうあく》な犯罪者《はんざいしゃ》に与《あた》えられる罰《ばつ》が、今《いま》のままではあまりに軽《かる》すぎると感《かん》じるようになった。

こうして民事裁判《みんじさいばん》の簡略化《かんりゃくか》が焦点《しょうてん》だったはずの司法改革《しほうかいかく》に、厳罰化《げんばつか》を求《もと》める声《こえ》が重《かさ》なって、刑事裁判《けいじさいばん》を変《か》えねばならないとの動《うご》きへと、いつのまにかスライドした。

刑事事件《けいじじけん》の被害者《ひがいしゃ》や遺族《いぞく》に対《たい》して、それまでこの国《くに》の行政《ぎょうせい》やメディアは、あまりに無関心《むかんしん》で冷淡《れいたん》だった。だから被害者《ひがいしゃ》や遺族《いぞく》を救済《きゅうさい》することは当《あ》たり前《まえ》。でもその問題《もんだい》と、加害者《かがいしゃ》にもっと重《おも》い罰《ばつ》を与《あた》えようとすることは、本来《ほんらい》なら一緒《いっしょ》にするべきことではない。

多《おお》くの人《ひと》は被害者《ひがいしゃ》（遺族《いぞく》）と加害者《かがいしゃ》をシーソーの両端《りょうはし》に置《お》いて考《かんが》える。だから加害《かがい》者《しゃ》の人権《じんけん》をもっと尊重《そんちょう》すべきだなどと主張《しゅちょう》する人《ひと》に対《たい》して、その加害者《かがいしゃ》に殺《ころ》された被《ひ》害者《がいしゃ》や遺族《いぞく》の人権《じんけん》は軽《かる》く見《み》ていいのか、などと反論《はんろん》する。

シーソーではない。黒《くろ》か白《しろ》かでもない。どちらかを上《あ》げたらどちらかが下《さ》がるわけでもない。二つとも上《あ》げればよいのだ。

法《ほう》やルールに背《そむ》く者《もの》に対《たい》して、かつての領主《りょうしゅ》や皇帝《こうてい》や独裁者《どくさいしゃ》は、できるだけ重《おも》い罰《ばつ》を与《あた》えたいと考《かんが》えてきた。独裁《どくさい》政権《せいけん》や王政《おうせい》の時代《じだい》、刑罰《けいばつ》はとても重《おも》かった。個人《こじん》の命《いのち》や生活《せいかつ》よりも、権力者《けんりょくしゃ》が統治《とうち》する社会《しゃかい》の秩序《ちつじょ》を重《おも》んじる時代《じだい》だったからだ。

つまり司法《しほう》の近代化《きんだいか》の歴史《れきし》は、厳罰化《げんばつか》とは逆《ぎゃく》の方向《ほうこう》である寛容化《かんようか》に進《すす》んできた歴史《れきし》と言《い》い換《か》えることもできる。

でもこの国《くに》ではそれがひっくり返《かえ》ってしまった。しかも重《おも》い罰《ばつ》を与《あた》えよとの声《こえ》が、国《くに》を統治《とうち》する側《がわ》からではなく、国民《こくみん》の側《がわ》から沸《わ》き起《お》こった。

変わる司法

だから「刑事司法《けいじしほう》に市民感覚《しみんかんかく》を取《と》り入《い》れる」とか「国民《こくみん》の司法《しほう》への理解《りかい》を深《ふか》める」などという裁判員制度《さいばんいんせいど》のキャッチフレーズは、どう考《かんが》えても後付《あとづ》けだ。

だって裁判員制度《さいばんいんせいど》が適用《てきよう》されるのは一審《しん》だけ。もしそこで検察《けんさつ》の求刑《きゅうけい》を大幅《おおはば》に下回《したまわ》るような判決《はんけつ》が出《で》た場合《ばあい》、検察《けんさつ》が控訴《こうそ》する可能性《かのうせい》はとても高《たか》い。ところが二審《しん》（高裁《こうさい》）や三審《しん》（最高裁《さいこうさい》）では、裁判員制度《さいばんいんせいど》は採用《さいよう》されていない。つまり結局《けっきょく》のところ市民感《しみんかん》覚《かく》は反映《はんえい》されない。

ちなみにアメリカの陪審制度《ばいしんせいど》では、市民《しみん》から選《えら》ばれた陪審員《ばいしんいん》が無罪判決《むざいはんけつ》を出《だ》したときは、検察官《けんさつかん》は控訴《こうそ》できない。でも日本《にほん》の裁判員制度《さいばんいんせいど》には、そうした市民《しみん》の意見《いけん》を反映《はんえい》させる取《と》り決《き》めはまったくない。

裁判《さいばん》の迅速化《じんそくか》も進《すす》んだ。そのきっかけもオウム真理教《しんりきょう》の事件《じけん》だが、その後《ご》も国民《こくみん》に衝撃《しょうげき》を与《あた》えるような殺傷事件《さっしょうじけん》があるたびに、「なぜもっと早《はや》く死刑《しけい》にできないのか」「なぜこれほど長《なが》く裁判《さいばん》が続《つづ》くのか」式《しき》のメディア・キャンペーンが展開《てんかい》されるようになった。

二〇〇三年《ねん》、国民《こくみん》の求《もと》めに応《こた》えるという目的《もくてき》で、「裁判《さいばん》の迅速化《じんそくか》に関《かん》する法律《ほうりつ》」が制定《せいてい》された。特《とく》に裁判員裁判《さいばんいんさいばん》では、選《えら》ばれた裁判員《さいばんいん》の負担《ふたん》を軽《かる》くするためにも、審理《しんり》を早《はや》く、わかりやすくすることが求《もと》められる。この法律《ほうりつ》で、一審《しん》については二年以内《ねんいない》、それもできるだけ短《みじか》いあいだに訴訟《そしょう》の手続《てつづ》きを終《お》わらせることになった。

こうして司法《しほう》の形《かたち》が少《すこ》しずつ変《か》わってきている。

裁判員に選ばれたら

裁判員《さいばんいん》は、「守秘義務《しゅひぎむ》」と「出頭義務《しゅっとうぎむ》」を負《お》う。自分《じぶん》の一方的《いっぽうてき》な都合《つごう》や感情《かんじょう》で断《ことわ》ることはできないし、他《ほか》の裁判員《さいばんいん》や裁判官《さいばんかん》たちと話《はな》した内容《ないよう》（評議《ひょうぎ》）については、たとえ家族《かぞく》でも言《い》ってはいけないとされている。この守秘義務《しゅひぎむ》に違反《いはん》すると六カ月以下《げついか》の懲《ちょう》役《えき》、または五〇万円以下《まんえんいか》の罰金《ばっきん》だ。かなり厳《きび》しい。

確《たし》かに、プライバシー保護《ほご》の観点《かんてん》からは、なかなか公《おおやけ》にしづらいことはたくさんある。でも評議《ひょうぎ》と法廷《ほうてい》は無縁《むえん》ではない。法廷《ほうてい》はプライバシー保護《ほご》よりも、事件《じけん》の解明《かいめい》のほうが優先《ゆうせん》される場《ば》であるはずだ。確《たし》かに裁判《さいばん》そのものをテレビ中継《ちゅうけい》することは（日《に》本《ほん》では）禁止《きんし》されているけれど、でも傍聴席《ぼうちょうせき》には（希望《きぼう》さえすれば）国民《こくみん》の誰《だれ》もが座《すわ》ることができる。つまり裁判《さいばん》は公開《こうかい》が原則《げんそく》だ。ならば安易《あんい》に守秘義務《しゅひぎむ》を課《か》すべきではない。

裁判員制度《さいばんいんせいど》導入時《どうにゅうじ》、最高裁判所《さいこうさいばんしょ》のウェブサイトに掲載《けいさい》された「裁判員制度《さいばんいんせいど》Q＆A」には、「裁判員制度《さいばんいんせいど》が導入《どうにゅう》されることで、どのようなことが期待《きたい》されているのですか」との質問《しつもん》に対《たい》して、「裁判《さいばん》の進《すす》め方《かた》やその内容《ないよう》に国民《こくみん》の視点《してん》、感覚《かんかく》が反映《はんえい》されていくことになる結果《けっか》、裁判全体《さいばんぜんたい》に対《たい》する国民《こくみん》の理解《りかい》が深《ふか》まり、司法《しほう》が、より身近《みぢか》なものとして信頼《しんらい》も一層高《いっそうたか》まることが期待《きたい》されています」との回答《かいとう》が記《しる》されている。

「この体験《たいけん》を誰《だれ》にも言《い》うな、言《い》ったら罰《ばつ》を与《あた》える」と言《い》いながら、その一方《いっぽう》で「これによってみなさんの理解《りかい》が深《ふか》まることを期待《きたい》します」と言《い》っているのに等《ひと》しい。明《あき》らかに矛盾《むじゅん》している。

王さまの耳はロバの耳

制度《せいど》に矛盾《むじゅん》はつきものなのかもしれない。でも裁判員制度《さいばんいんせいど》について言《い》えば、あまりにもこの矛盾《むじゅん》が多《おお》すぎる。

一九九四年《ねん》、アメリカで行《おこな》われた裁判《さいばん》が、世界中《せかいじゅう》で大《おお》きなニュースになった。被告人《ひこくにん》はアメリカンフットボールのスター選手《せんしゅ》で映画俳優《えいがはいゆう》でもあったO・J・シンプソン。容疑《ようぎ》は元妻《もとつま》と友人《ゆうじん》の殺害《さつがい》だ。このときの陪審員《ばいしんいん》はテレビからの取材《しゅざい》に対《たい》してもコメントしていたし、結審後《けっしんご》（結局《けっきょく》は無罪《むざい》）には二名《めい》の陪審員《ばいしんいん》が、評議《ひょうぎ》の舞台裏《ぶたいうら》を明《あ》かす書籍《しょせき》を発表《はっぴょう》してベストセラーになった。

もしもこの裁判《さいばん》が日本《にほん》で行《おこな》われていたら、どのような議論《ぎろん》があって判決《はんけつ》に結《むす》びついたのか、誰《だれ》からも語《かた》られず、世《よ》に知《し》られることもなかっただろう。しかも、日本《にほん》の裁判員制度《さいばんいんせいど》における守秘義務《しゅひぎむ》は一生続《いっしょうつづ》く。もしも裁判員《さいばんいん》に選《えら》ばれたら、あなたは親《おや》や夫《おっと》や妻《つま》や子《こ》どもにも生涯《しょうがい》言《い》ってはいけないとされる秘密《ひみつ》を、国《くに》から強制的《きょうせいてき》に負《お》わされることになる。もちろん、守秘義務《しゅひぎむ》のある職業《しょくぎょう》は少《すく》なくない。裁判官《さいばんかん》や検察官《けんさつかん》、その他《た》の公務員《こうむいん》も弁護士《べんごし》も、それぞれ職務上《しょくむじょう》の守秘義務《しゅひぎむ》を負《お》わされる。でも彼《かれ》らは、それを知《し》ったうえで、その仕事《しごと》を選《えら》んだのだ。ところが裁判員《さいばんいん》は違《ちが》う。ある日《ひ》、急《きゅう》にあなたは裁判員《さいばんいん》に選《えら》ばれましたとの通知《つうち》を受《う》け取《と》る。そして誰《だれ》にも言《い》ってはいけないと口止《くちど》めされる。言《い》ったら罰金《ばっきん》か懲役刑《ちょうえきけい》だ。

あなたはどうする？　僕《ぼく》ならばきっと、『イソップ寓話《ぐうわ》』の「王《おう》さまの耳《みみ》はロバの耳《みみ》」に登場《とうじょう》する理髪師《りはっし》になってしまうだろう。きっとあなたも聞《き》いたことがあると思《おも》うけど、念《ねん》のためあらすじを書《か》くよ。

耳《みみ》がロバの耳《みみ》になってしまったことを、ミダス王《おう》はお抱《かか》えの理髪師《りはっし》だけに教《おし》える。だって教《おし》えなくても、どうせ散髪《さんぱつ》のときには帽子《ぼうし》をとるのでばれるからだ。そしてミダス王《おう》は、「もしも誰《だれ》かにこの秘密《ひみつ》を話《はな》したら命《いのち》はないと思《おも》え」と理髪師《りはっし》を脅《おど》す。

散髪《さんぱつ》を終《お》えた理髪師《りはっし》は、誰《だれ》かに言《い》いたくて仕方《しかた》がない。胸《むね》に秘《ひ》めることができそうにない。でも命《いのち》は惜《お》しい。だから理髪師《りはっし》は街《まち》の外《はず》れの野原《のはら》に穴《あな》を掘《ほ》って顔《かお》を突《つ》っ込《こ》み、「王《おう》さまの耳《みみ》はロバの耳《みみ》」と何度《なんど》も叫《さけ》ぶ。そうでもしないと、あたりかまわず言《い》いたくなってしまうからだ。でも結局《けっきょく》、この秘密《ひみつ》を国中《くにじゅう》の人《ひと》が知《し》ってしまった。なぜなら理《り》髪師《はっし》が叫《さけ》んだ地面《じめん》から生《は》えてきたたくさんの葦《あし》が、風《かぜ》が吹《ふ》くたびに「王《おう》さまの耳《みみ》はロバの耳《みみ》」とささやき続《つづ》けたからだ。

多《おお》くの人《ひと》は理髪師《りはつし》と同《おな》じだろう。秘密《ひみつ》だと言《い》われれば誰《だれ》かに話《はな》したくなる。

いずれはあなたたちも、裁判員《さいばんいん》に選《えら》ばれるかもしれない。そして評議《ひょうぎ》の際《さい》に、あなたにとってとても重大《じゅうだい》なことが起《お》きた。あるいは知《し》った。それはあなたの考《かんが》え方《かた》や生《い》き方《かた》を変《か》えるほどに重大《じゅうだい》なことだった。でも家族《かぞく》や大切《たいせつ》なパートナーにすら、あなたはそのことを話《はな》すことができない。もしも話《はな》せば、国《くに》の法律《ほうりつ》を破《やぶ》ったとして、あなたは罰《ばっ》せられる。

もちろん、あなたが耐《た》えきれずに話《はな》した人《ひと》たちが黙《だま》っていてくれるのなら、罰《ばつ》を受《う》けることはない。でも罰《ばつ》は受《う》けないけれど、あなたはその瞬間《しゅんかん》に、法《ほう》を破《やぶ》った（潜在《せんざい》的《てき》な）犯罪者《はんざいしゃ》になってしまうのだ。

大切《たいせつ》なことなのでもう一度《いちど》書《か》くよ。

国《くに》が国民《こくみん》に秘密《ひみつ》を強制的《きょうせいてき》に負《お》わせることについて、その秘密《ひみつ》をもし誰《だれ》かに話《はな》したら犯罪者《はんざいしゃ》になってしまう（ばれるかどうかは別《べつ》にして）ことについて、僕《ぼく》たちはもっと真剣《しんけん》に考《かんが》えなくてはならない。どう考《かんが》えても納得《なっとく》できない状況《じょうきょう》だと僕《ぼく》は思《おも》う。そしてこれだけでも、裁判員制度《さいばんいんせいど》については、その仕組《しく》みやルールを再考《さいこう》すべきだと考《かんが》えている。

罪と罰のバランス

少《すこ》し前《まえ》にも書《か》いたけれど、検察官《けんさつかん》は国家公務員《こっかこうむいん》だ。つまり国家《こっか》。これに対《たい》して、弁護人《べんごにん》や被告人《ひこくにん》の多《おお》くは国家公務員《こっかこうむいん》ではない。

国対個人《くにたいこじん》。そこには圧倒的《あっとうてき》な力《ちから》の差《さ》がある。だからこそ近代司法《きんだいしほう》は、裁判《さいばん》の場《ば》における被告人《ひこくにん》の権利《けんり》を大切《たいせつ》にすることを宣言《せんげん》した。ところがこの国《くに》では近年《きんねん》、メディアによって刑事裁判《けいじさいばん》がまるで劇場《げきじょう》のように扱《あつか》われ、「被害者遺族《ひがいしゃいぞく》vs被告人《ひこくにん》」の構図《こうず》ばかりが強調《きょうちょう》されている。

その結果《けっか》として、本来《ほんらい》は法廷《ほうてい》に持《も》ち込《こ》まれるべきではない怒《いか》りや憎《にく》しみなどの感情《かんじょう》が、判決《はんけつ》に大《おお》きな影響《えいきょう》を与《あた》えるようになってしまった。

二〇二一年九月、この二年前に東京池袋で車を暴走させて母子二人を死亡させ、九人に重軽傷を負わせた飯塚幸三被告（判決が確定したとき九〇歳）に対して、東京地裁は禁錮五年の判決を言い渡した。自動車運転処罰法違反（過失致死傷）としてはかなり重い。この量刑について判決文は、「遺族らは一様に被告人に対する峻烈な処罰感情を有している」と記している。

遺族が強い処罰感情を持つならば罰は重くなる。判決文ははっきりとそう宣言している。ならば、たとえばホームレスなど天涯孤独の人が被害者になったケースでは、その死を悲しんで処罰感情を持つ遺族がいないのだから、加害者の罰は軽くてもよい、ということになるのだろうか。

つまり罪と罰のバランスが、被害者の家庭環境によって変わる。もっと直接的に言えば、命の価値が変わるのだ。罪刑法定主義を持ち出すまでもなく、やっぱりこれはおかしい。近代司法の歴史だけではなく、人権や平等の思想にも反している。

裁判員制度にまったく価値を認めないとまでは、僕は言わない。でも、そのための環境《かんきょう》づくりは必要《ひつよう》だ。だってすでに市民感覚《しみんかんかく》は、現在《げんざい》の刑事司法《けいじしほう》に強《つよ》い影響《えいきょう》を与《あた》えているのだから。

法律関係《ほうりつかんけい》の専門用語《せんもんようご》をなるべく少《すく》なくするとか（書《か》きながら今《いま》だって大変《たいへん》なんだ、不《ふ》必要《ひつよう》に難《むずか》しい言葉《ことば》が多《おお》すぎる）、インターン制度《せいど》を取《と》り入《い》れて裁判官《さいばんかん》に「市民感覚《しみんかんかく》」を学《まな》ばせるとか、裁判官《さいばんかん》の数《かず》をもっと増《ふ》やして一つ一つの裁判《さいばん》に集中《しゅうちゅう》させて迅速化《じんそくか》を図《はか》るとか、裁判員制度《さいばんいんせいど》を導入《どうにゅう》する前《まえ》に、できることややるべきことはたくさんあったはずだと僕《ぼく》は思《おも》う。

イエス・キリストは十字架《じゅうじか》に磔《はりつけ》になって処刑《しょけい》された。なぜそうなったのか。裁判《さいばん》のときに押《お》し寄《よ》せたエルサレムの市民《しみん》たちが、早《はや》くあいつを処刑《しょけい》せよと叫《さけ》んだからだ。なぜ市民《しみん》たちはイエスを憎《にく》んだのか。自分《じぶん》たちを外敵《がいてき》から救《すく》う救世主《きゅうせいしゅ》として一度《いちど》は期待《きたい》したのに、「汝《なんじ》の敵《てき》を愛《あい》せよ」などと言《い》ったからだ。こうしてイエスは処刑《しょけい》された。でもその後《ご》、キリスト教《きょう》は世界的《せかいてき》な宗教《しゅうきょう》となり、イエスを殺害《さつがい》したユダヤ人《じん》は、特《とく》にキリスト教文化圏《きょうぶんかけん》である西洋社会《せいようしゃかい》では差別《さべつ》され、迫害《はくがい》されてホロコースト（ユダヤ人《じん》の大量虐殺《たいりょうぎゃくさつ》）が起《お》きた。そして今《いま》、そのユダヤ人《じん》たちが建国《けんこく》したイスラエルが、パレスチナの民《たみ》の土地《とち》を奪《うば》い、圧倒的《あっとうてき》な軍事力《ぐんじりょく》でパレスチナ人《じん》を迫害《はくがい》している。

つくづく思《おも》う。憎悪《ぞうお》と報復《ほうふく》は連鎖《れんさ》するのだと。

市民感覚《しみんかんかく》は大切《たいせつ》だ。でも時《とき》おり暴走《ぼうそう》する。だからこそ裁判官《さいばんかん》は、独立《どくりつ》した良心《りょうしん》の自《じ》由《ゆう》を保障《ほしょう》されているし、法廷《ほうてい》では感情《かんじょう》よりも論理《ろんり》を優先《ゆうせん》する。……はずだった。

安易《あんい》に「市民感覚《しみんかんかく》」を法廷《ほうてい》に導入《どうにゅう》することが、どういう結果《けっか》を招《まね》くのか。あなたに想像《そうぞう》してほしい。

市民感覚《しみんかんかく》による判決《はんけつ》が人《ひと》の命《いのち》を奪《うば》うという現実《げんじつ》について、次《つぎ》の章《しょう》で一緒《いっしょ》に考《かんが》えよう。

第4章 見えない極刑

どこの国にもある？

あなたも知《し》っていると思《おも》うけれど、この国《くに》には「死刑《しけい》」という制度《せいど》がある。でもそう言《い》われたら、「死刑《しけい》なんてどこの国《くに》にでもあるんじゃないの」と思《おも》う人《ひと》が、もしかしたらいるかもしれない。

誰《だれ》かを死刑《しけい》にするためには、まずは裁判《さいばん》で、その人《ひと》が犯《おか》した罪《つみ》に対《たい》しての罰《ばつ》として、死刑《しけい》が相当《そうとう》である（ふさわしい）ことを決《き》めねばならない。つまり死刑《しけい》の判決《はんけつ》だ。そのうえで処刑《しょけい》する。これを刑《けい》の「執行《しっこう》」という。

確《たし》かに昔《むかし》は、ほとんどの国《くに》に死刑制度《しけいせいど》があった。でも今《いま》もこの制度《せいど》を残《のこ》している国《くに》は、実《じつ》のところあまり多《おお》くない。

日本《にほん》には今《いま》も死刑制度《しけいせいど》がある。あまりに悪《わる》いことをした人《ひと》は、その罰《ばつ》として、自分《じぶん》が殺《ころ》されねばならないことになっている。

この章《しょう》では死刑《しけい》という制度《せいど》について、知《し》ることにしよう。

3章《しょう》で紹介《しょうかい》した「光市母子殺害事件《ひかりしぼしさつがいじけん》」では、一審《しん》と二審《しん》で一度《ど》は決《き》まった無期懲役《むきちょうえき》を最高裁《さいこうさい》が差《さ》し戻《もど》した結果《けっか》、死刑《しけい》が確定《かくてい》した。

差《さ》し戻《もど》し公判《こうはん》の判決《はんけつ》は二〇〇八年《ねん》四月《がつ》、広島高等裁判所《ひろしまこうとうさいばんしょ》で下《くだ》された。このとき広島《ひろしま》高裁周辺《こうさいしゅうへん》に集《あつ》まっていた数《すう》百人《にん》の群衆《ぐんしゅう》から、大《おお》きな拍手《はくしゅ》と歓声《かんせい》が沸《わ》き上《あ》がった。つまり被告人《ひこくにん》である元少年《もとしょうねん》が死刑《しけい》になるという判決《はんけつ》が出《で》たことに、多《おお》くの人《ひと》がとても喜《よろこ》んだのだ。

この数日後《すうじつご》、現場《げんば》にいた記者《きしゃ》からメールをもらった。旧《ふる》い友人《ゆうじん》でもある彼《かれ》は、一人《ひと》の人が殺《ころ》されると決《き》まったとき、多《おお》くの人《ひと》が歓声《かんせい》をあげて喜《よろこ》んでいるという状況《じょうきょう》に、いたたまれないほどに強《つよ》い違和感《いわかん》を持《も》った、とそのメールに記《しる》している。そしてメールの最後《さいご》を、彼《かれ》はこのように結《むす》んでいる。

そういう空気《くうき》を作《つく》ったのは、自分《じぶん》たちマスコミなのだと思《おも》い、とても複《ふく》雑《ざつ》な気持《きも》ちになりました。

このときは広島高裁《ひろしまこうさい》に集《あつ》まった人《ひと》たちだけではなく、新聞《しんぶん》やテレビのニュースで「被《ひ》告人《こくにん》は死刑《しけい》」と決定《けってい》されたことを知《し》り、喜《よろこ》んだり胸《むね》をなでおろしたりした人《ひと》は日本中《にほんじゅう》にいたと思《おも》う。それほどに被告人《ひこくにん》である元少年《もとしょうねん》は、この日本社会《にほんしゃかい》から憎《にく》まれていた。

地下鉄《ちかてつ》サリン事件《じけん》を起《お》こしたオウム真理教《しんりきょう》の教祖《きょうそ》である麻原彰晃《あさはらしょうこう》の裁判《さいばん》は、一審判《しんぱん》決《けつ》で死刑《しけい》が言《い》い渡《わた》されたあと、二審《しん》や三審《しん》の審理《しんり》がないままに確定《かくてい》した。戦後最大《せんごさいだい》の事件《じけん》と言《い》われながら、その最大《さいだい》のキーパーソンの裁判《さいばん》が、途中《とちゅう》で打《う》ち切《き》られてしまったのだ。とても異例《いれい》な展開《てんかい》だ。でもこのときも多《おお》くの人《ひと》は、「早《はや》く吊《つる》せ」の声《こえ》とともに、この死刑確定《しけいかくてい》を歓迎《かんげい》した。

そもそも裁判《さいばん》とは、被告《ひこく》にどれほどの罰《ばつ》を与《あた》えるかを決《き》めると同時《どうじ》に、なぜそんな事件《じけん》が起《お》きたかを考《かんが》えるためのシステムでもあるはずだ。ところが麻原《あさはら》の裁判《さいばん》は、なぜ地下鉄《ちかてつ》にサリンを撒《ま》けと指示《しじ》したのか、そのとき何《なに》を考《かんが》えていたのか、そもそも何《なに》をしたかったのか、今《いま》は事件《じけん》についてどう思《おも》っているのか、……こうした要素《ようそ》について、本人《ほんにん》がほとんど語《かた》らないままに終《お》わってしまった。

その後《ご》、麻原《あさはら》も含《ふく》めて側近《そっきん》たち一三人《にん》の死刑《しけい》が確定《かくてい》し、二〇一八年《ねん》七月《がつ》に刑《けい》は執行《しっこう》された。大量処刑《たいりょうしょけい》だ。麻原《あさはら》の動機《どうき》の解明《かいめい》はもうできない。だからこそ不安《ふあん》と恐怖《きょうふ》は今《いま》もくすぶり続《つづ》け、その結果《けっか》として日本社会《にほんしゃかい》と日本《にほん》の刑事司法《けいじしほう》は大《おお》きく変《か》わるのだけど、それはあとで述《の》べよう。

どんな罪が当てはまる？

社会《しゃかい》のルールを破《やぶ》った人《ひと》が、社会《しゃかい》のルールに従《したが》って罰《ばつ》を受《う》けるのは当然《とうぜん》だ。もしも罰《ばつ》を受《う》けないのであれば、ルールを守《まも》る人《ひと》は少《すく》なくなり、その社会《しゃかい》はどんどん荒廃《こうはい》し

てしまうだろう。でも凶悪《きょうあく》な事件《じけん》を起《お》こしたから死刑《しけい》は当《あ》たり前《まえ》だと思《おも》う前《まえ》に、もう少《すこ》しあなたに考《かんが》えてほしい。

Q　あなたは死刑《しけい》について、どのくらいのことを知《し》っているのだろう？

とても悪《わる》いことをした人《ひと》たちに対《たい》して下《くだ》される処罰《しょばつ》。うん。確《たし》かにそのとおり。じゃあ次《つぎ》の質問《しつもん》。

Q　「とても悪《わる》いこと」というのは、具体的《ぐたいてき》にどんなことだと思《おも》う？

人《ひと》を殺《ころ》すこと？　それはそのとおり。絶対《ぜったい》に重《おも》い処罰《しょばつ》を受《う》けねばならない犯罪《はんざい》だ。でも他《ほか》には？　近代司法《きんだいしほう》の大原則《だいげんそく》の一つが、与《あた》える罰《ばつ》と罪《つみ》を決《き》めておかねばならないとする罪刑法定主義《ざいけいほうていしゅぎ》であることは、1章《しょう》で知《し》ったよね。ならば死刑《しけい》になる罪《つみ》としては、他《ほか》に規定《きてい》はないのだろうか？

一般的《いっぱんてき》には、人《ひと》は人《ひと》を殺《ころ》したときに死刑判決《しけいはんけつ》を受《う》ける、と考《かんが》える人《ひと》が多数《たすう》だろう。でも実《じつ》はそれだけではない。今《いま》の刑法《けいほう》では、死刑《しけい》が適用《てきよう》されるケースとして一二の犯罪《はんざい》が規定《きてい》されていて、そのうち九つは殺人《さつじん》ではなく、この国《くに》の秩序《ちつじょ》に対《たい》する反逆《はんぎゃく》だ。たとえば「外患誘致罪《がいかんゆうちざい》」は、他国《たこく》と共謀《きょうぼう》してこの国《くに》に対《たい》して武力《ぶりょく》を行使《こうし》させたという罪《つみ》で、人命《じんめい》の犠牲《ぎせい》がなくても必《かなら》ず死刑《しけい》が適用《てきよう》される重罪《じゅうざい》だ（適用《てきよう》されたことはまだ一度《いちど》もない）。

つまり死刑制度《しけいせいど》の本質《ほんしつ》は、市民生活《しみんせいかつ》に大《おお》きな害《がい》をなした人《ひと》を厳《きび》しく罰《ばつ》することだけではなく、国家体制《こっかたいせい》や秩序《ちつじょ》を何《なに》よりも最優先《さいゆうせん》して守《まも》ろうとする、国家自身《こっかじしん》の意思《いし》の表《あらわ》れである、との見方《みかた》もできる。

ただし現実《げんじつ》として死刑判決《しけいはんけつ》が下《くだ》されるのは、「殺人罪《さつじんざい》」と、強盗《ごうとう》するために人《ひと》を殺《ころ》す「強盗致死罪《ごうとうちしざい》」、それと強盗《ごうとう》や強制的《きょうせいてき》な性交《せいこう》を目的《もくてき》として人《ひと》を殺《ころ》す「強盗《ごうとう》・強制性交等《きょうせいせいこうとう》致死罪《ちしざい》」などがほとんどだ。

明治時代から変わらない方法

じゃあ次《つぎ》の質問《しつもん》。

Q　日本《にほん》の死刑囚《しけいしゅう》はどのように処刑《しょけい》されているのだろう？　これについては四択《よんたく》にしよう。

①　電気椅子《でんきいす》

②　薬物注射《やくぶつちゅうしゃ》

③　絞首《こうしゅ》

④　ギロチン

……考《かんが》えた？　あるいは知《し》っていた？

まさか④と答《こた》えた人《ひと》はいないと思《おも》う。正解《せいかい》は③の絞首刑《こうしゅけい》。つまりロープで首《くび》を絞《し》めて殺《ころ》す刑《けい》。もしも正解《せいかい》できなかったとしても、それほど気《き》にする必要《ひつよう》はないよ。これを知《し》らない人《ひと》は意外《いがい》に多《おお》い。僕《ぼく》が教《おし》えている大学《だいがく》でも学生《がくせい》たちにこの質問《しつもん》をしたとき、絞首刑《こうしゅけい》であることを知《し》らなかった学生《がくせい》が二割近《わりちか》くもいた。

電気椅子《でんきいす》や薬物注射《やくぶつちゅうしゃ》は、主《おも》にアメリカの処刑方法《しょけいほうほう》だ（ただし最近《さいきん》では、電気椅子《でんきいす》による処刑《しょけい》はほとんどない）。アメリカも昔《むかし》は絞首刑《こうしゅけい》が普通《ふつう》だったけれど、今《いま》は行《おこな》われていない。処刑《しょけい》される瞬間《しゅんかん》、絞首刑《こうしゅけい》は死刑囚《しけいしゅう》にとても強《つよ》い苦痛《くつう》を与《あた》えているとの問題提《もんだいてい》起《き》を受《う》けて、国民的《こくみんてき》な議論《ぎろん》が行《おこな》われたからだ。

でも日本《にほん》では明治時代《めいじじだい》からずっと、処刑方法《しょけいほうほう》は絞首刑《こうしゅけい》のまま変《か》わっていない。死刑《しけい》囚《しゅう》が受《う》ける苦痛《くつう》について考《かんが》える人《ひと》はあまりいないし、そもそも絞首刑《こうしゅけい》であることを知《し》らない人《ひと》も少《すく》なくない。

なぜなら日本《にほん》では、死刑制度《しけいせいど》についてアメリカのような情報公開《じょうほうこうかい》がほとんど行《おこな》われていない。だから多《おお》くの人《ひと》は、処刑方法《しょけいほうほう》も含《ふく》めて死刑《しけい》についてよくわかっていないし、執行《しっこう》の瞬間《しゅんかん》に死刑囚《しけいしゅう》がどれほど苦痛《くつう》を感《かん》じているのかまで気《き》にする人《ひと》はほぼいない。でも情報《じょうほう》を公開《こうかい》せよとの声《こえ》はあがらない。実際《じっさい》に処刑《しょけい》はどのように行《おこな》われているのか、死刑囚《しけいしゅう》たちは最後《さいご》に何《なに》を語《かた》るのか、首《くび》にロープをかけたり処刑台《しょけいだい》のスイッチを押《お》したりする刑務官《けいむかん》たちは内心《ないしん》で何《なに》を思《おも》うのか、……こうした情報《じょうほう》を、多《おお》くの人《ひと》は知《し》りたくないのだろう。想像《そうぞう》することもいやなのかもしれない。

だから隠《かく》されていることに対《たい》して、不満《ふまん》を言《い》う人《ひと》は少《すく》ない。アメリカのように、絞《こう》首刑《しゅけい》は死刑囚《しけいしゅう》に苦痛《くつう》を与《あた》えている可能性《かのうせい》があるから変《か》えようとの声《こえ》もあがらない。誰《だれ》も見《み》ようとしない。考《かんが》えようとしない。

密室で行われる

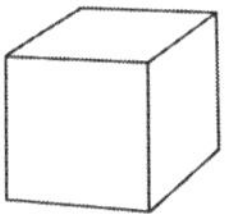

アメリカでは二〇二一年《ねん》三月《がつ》、ヴァージニア州《しゅう》のラルフ・ノーサム知事《ちじ》が死刑制度《しけいせいど》

廃止法案《はいしほうあん》に署名《しょめい》した。ヴァージニア州《しゅう》はテキサス州《しゅう》に次《つ》いで二番目《ばんめ》に多《おお》く死刑《しけい》を執行《しっこう》してきた州《しゅう》だ。アメリカで死刑廃止《しけいはいし》を決《き》めた州《しゅう》は、これで五〇のうち二三となった。

今《いま》も死刑《しけい》を存置《そんち》（死刑制度《しけいせいど》を保持《ほじ》していること）している州《しゅう》でも、情報公開《じょうほうこうかい》のあり方《かた》は日本《にほん》とはまったく違《ちが》う。被害者遺族《ひがいしゃいぞく》や処刑《しょけい》される死刑囚《しけいしゅう》の家族《かぞく》、さらに一般《いっぱん》のメディアも、処刑《しょけい》に立《た》ち会《あ》うことは少《すく》なくない。なぜなら死刑《しけい》の執行《しっこう》や運営《うんえい》の予算《よさん》は、国《こく》民《みん》から徴収《ちょうしゅう》した税金《ぜいきん》が源泉《げんせん》だ。ならば密室《みっしつ》でやるべきではなく、できるかぎりを国民《こくみん》に公開《こうかい》すべきだとの意識《いしき》が徹底《てってい》しているからだ。

税金《ぜいきん》で行《おこな》われていることは同《おな》じだけど、日本《にほん》ではメディアや被害者遺族《ひがいしゃいぞく》、加害者家《かがいしゃか》族《ぞく》は立《た》ち会《あ》いを許《ゆる》されない。そもそも執行《しっこう》の日程《にってい》すら事前《じぜん》に知《し》らされない。日本《にほん》の死《し》刑《けい》はひっそりと密室《みっしつ》で執行《しっこう》される。処刑《しょけい》が終《お》わってからも、その様子《ようす》が公開《こうかい》されることはない。

だからこの国《くに》では、死刑《しけい》という制度《せいど》について、リアルな実感《じっかん》を持《も》つことができない。悪《わる》いことをした奴《やつ》は死刑《しけい》。そのレベルでとどまってしまっている。

今《いま》も時《とき》おり新聞《しんぶん》には、昨日《きのう》死刑執行《しけいしっこう》があった、との記事《きじ》が載《の》る。でもその記事《きじ》が伝《つた》える情報《じょうほう》は、執行《しっこう》された拘置所《こうちしょ》の場所《ばしょ》と執行《しっこう》された人《ひと》の名前《なまえ》と年齢《ねんれい》と罪状《ざいじょう》にとどまっている（二〇〇七年以前《ねんいぜん》は、名前《なまえ》や罪状《ざいじょう》すら公開《こうかい》されなかった）。執行《しっこう》はどのように行《おこな》われたのか、執行《しっこう》された人《ひと》は心《こころ》から悔《く》いていたのか、反省《はんせい》していなかったのか、最後《さいご》に遺族《いぞく》に対《たい》しておわびの言葉《ことば》はあったのか、などの情報《じょうほう》はいっさい公開《こうかい》されないからわからない。

二〇一〇年《ねん》には、死刑《しけい》を執行《しっこう》する刑場《けいじょう》が初公開《はっこうかい》されたと大手《おおて》メディアが報《ほう》じた。しかし初公開《はっこうかい》というのは事実《じじつ》ではない。一九四七年《ねん》の雑誌《ざっし》（『アサヒグラフ』）には広島《ひろしま》刑務所《けいむしょ》の刑場《けいじょう》の写真《しゃしん》が複数枚掲載《ふくすうまいけいさい》されているし、一九六七年《ねん》には当時《とうじ》の法務大臣《ほうむだいじん》が新《しん》聞各社《ぶんかくしゃ》の記者《きしゃ》を連《つ》れて、当時《とうじ》できあがってまもない東京拘置所《とうきょうこうちしょ》を案内《あんない》している。でもそのときは、一社《しゃ》しか記事《きじ》にしなかった。なぜなら先《さき》にも書《か》いたように、国民《こくみん》が知《し》ることを望《のぞ》んでいないからだ。

生命刑と自由刑

多《おお》くの人《ひと》が勘違《かんちが》いしているけれど、判決《はんけつ》が確定《かくてい》した死刑囚《しけいしゅう》が入《はい》るのは、刑務所《けいむしょ》ではない。拘置所《こうちしょ》といって、刑罰《けいばつ》がまだ確定《かくてい》していない人《ひと》（未決囚《みけつしゅう》）が収監《しゅうかん》される施設《しせつ》で生活《せいかつ》する。なぜなら死刑囚《しけいしゅう》が受《う》けるのは、自由《じゆう》を奪《うば》われる罰《ばつ》（自由刑《じゆうけい》）ではなく、命《いのち》を奪《うば》われるという罰《ばつ》（生命刑《せいめいけい》）だからだ。

刑務所《けいむしょ》に収容《しゅうよう》される人《ひと》たちは、懲役刑《ちょうえきけい》か禁錮刑《きんこけい》、拘留刑《こうりゅうけい》の受刑者《じゅけいしゃ》たちだ。彼《かれ》らはこの施設《しせつ》で、自由刑《じゆうけい》を受《う》けながら、自分《じぶん》が犯《おか》した罪《つみ》について反省《はんせい》し、いつか社会《しゃかい》に出《で》る日《ひ》のために、更生《こうせい》（立《た》ち直《なお》ること）に向《む》けた生活《せいかつ》を送《おく》る。

死刑《しけい》になることが裁判《さいばん》で確定《かくてい》した人《ひと》（確定死刑囚《かくていしけいしゅう》）は、刑罰《けいばつ》が確定《かくてい》した人（既決囚《きけつしゅう》）ではあるけれど、その刑罰《けいばつ》はまだ与《あた》えられていない。とても中途半端《ちゅうとはんぱ》な存在《そんざい》だ。刑務《けいむ》所《しょ》に収容《しゅうよう》してしまうと、死刑《しけい》という生命刑《せいめいけい》に、自由《じゆう》を奪《うば》う自由刑《じゆうけい》を重《かさ》ねることになる。

これは、日本国憲法第《にほんこくけんぽうだい》三九条《じょう》が禁止《きんし》する二重処罰《にじゅうしょばつ》になってしまう。死刑囚《しけいしゅう》の罰《ばつ》は殺《ころ》されることだけ。だから理屈《りくつ》としては、死刑囚《しけいしゅう》は死刑《しけい》が執行《しっこう》されるその日《ひ》まで、社会《しゃかい》で普通《ふつう》の生活《せいかつ》を送《おく》れる、と解釈《かいしゃく》することもできる。でも僕《ぼく》がもし死《し》刑囚《けいしゅう》ならば、釈放《しゃくほう》されたその日《ひ》に逃《に》げるだろう。多《おお》くの人《ひと》はそうだと思《おも》う。だから処《しょ》刑《けい》の日《ひ》まで、拘置所《こうちしょ》で拘禁《こうきん》（一定《いってい》の場所《ばしょ》に閉《と》じ込《こ》めて自由《じゆう》を奪《うば》うこと）する。

……書《か》きながらよくわからなくなってきた。きっとあなたもそうだと思《おも》う。刑務所《けいむしょ》ではなく拘置所《こうちしょ》でも自由《じゆう》を制限《せいげん》することは同《おな》じはずだ。でもその矛盾《むじゅん》には目《め》をつぶる。これも含《ふく》めて死刑《しけい》という制度《せいど》は、考《かんが》えれば考《かんが》えるほどとてもややこしくて、多《おお》くの矛《む》盾《じゅん》がある。

その日を待つだけ

とにかく裁判《さいばん》で死刑《しけい》が確定《かくてい》した死刑囚《しけいしゅう》は、拘置所《こうちしょ》で自分《じぶん》が処刑《しょけい》される日《ひ》を待《ま》つだけ

だ。その日《ひ》のため、つまり殺《ころ》されるために生《い》かされている。

法律《ほうりつ》では、死刑《しけい》が確定《かくてい》してから六カ月以内《げついない》に執行《しっこう》することが決《き》められているが、実際《じっさい》に六カ月以内《げついない》に執行《しっこう》されるようなケースはまずない。ほとんどが数年後《すうねんご》だ。その理由《りゆう》は僕《ぼく》にもはっきりとはわからない。冤罪《えんざい》や誤判《ごはん》が実《じつ》のところは相当《そうとう》に多《おお》いことを法務省《ほうむしょう》や司法関係者《しほうかんけいしゃ》は知《し》っているから、すぐには処刑《しょけい》しないのだとの説《せつ》もある。実際《じっさい》にこれまでも、名張毒《なばりどく》ぶどう酒事件《しゅじけん》の奥西勝《おくにしまさる》さんや帝銀事件《ていぎんじけん》の平沢貞道《ひらさわさだみち》さん、袴田事件《はかまだじけん》の袴田巖《はかまだいわお》さんなど、冤罪《えんざい》の可能性《かのうせい》が高《たか》いと言《い》われていた死刑囚《しけいしゅう》の場合《ばあい》には、何《なん》十年《ねん》も執行《しっこう》されないケースがいくつもあった（そして執行《しっこう》されないまま、奥西《おくにし》さんや平沢《ひらさわ》さんは獄中《ごくちゅう》で病死《びょうし》した）。

ただし法務大臣《ほうむだいじん》が死刑執行命令書《しけいしっこうめいれいしょ》にサインをすれば、その日《ひ》から五日以内《かいない》に死刑《しけい》は執行《しっこう》されねばならない。これは厳格《げんかく》に守《まも》られている。

執行《しっこう》の日時《にちじ》が決《き》まった確定死刑囚《かくていしけいしゅう》に、「あなたはこれから処刑《しょけい》されます」と告《つ》げるのは、執行《しっこう》するその日《ひ》の朝《あさ》が原則《げんそく》だ。その数時間後《すうじかんご》には必《かなら》ず処刑《しょけい》される。最後《さいご》に家族《かぞく》に会《あ》ったり、遺書《いしょ》を書《か》いたりするような時間《じかん》は与《あた》えられない。

かつては処刑《しょけい》の数日前《すうじつまえ》に伝《つた》えられていたから、死刑囚《しけいしゅう》は処刑《しょけい》まで残《のこ》された時間《じかん》を使《つか》って、家族《かぞく》と最後《さいご》に面会《めんかい》したり遺書《いしょ》を書《か》いたりすることができた。なぜそれが変《か》わったのか。一人の死刑囚《しけいしゅう》が、処刑《しょけい》されるその前日《ぜんじつ》の夜《よる》に部屋《へや》の中《なか》で自殺《じさつ》したことがあったからだと言《い》い伝《つた》えられている。自殺《じさつ》されると死刑執行《しけいしっこう》という職務《しょくむ》を遂行《すいこう》できなくなるから、拘置所《こうちしょ》にとっては大《おお》きな不祥事《ふしょうじ》だ。所長《しょちょう》も含《ふく》めて責任問題《せきにんもんだい》となる。

でも僕《ぼく》は思《おも》う。組織《そしき》の責任問題《せきにんもんだい》や所長《しょちょう》のメンツが、死刑囚《しけいしゅう》とはいえ一人の人生《じんせい》の終《しゅう》幕《まく》よりも重要《じゅうよう》なのか。そのバランスはおかしいと誰《だれ》も思《おも》わないのか。そもそも死刑囚《しけいしゅう》に自殺《じさつ》は許《ゆる》されないのか。これもまた死刑制度《しけいせいど》をめぐる矛盾《むじゅん》の一つだ。

不意打《ふいう》ちで伝《つた》えられることが定着《ていちゃく》してから、死刑囚《しけいしゅう》にとって毎日《まいにち》の朝《あさ》はとてもつらい時間帯《じかんたい》になった。いきなり宣告《せんこく》されて数時間後《すうじかんご》には処刑《しょけい》されるのだ。朝《あさ》が何事《なにごと》もなく過《す》ぎれば、これでとりあえずは一日生《い》き延《の》びることができるとして、とても安堵《あんど》するという。そんな日々《ひび》が何年《なんねん》も続《つづ》く。場合《ばあい》によっては何《なん》十年《ねん》も。その結果《けっか》として精神《せいしん》が壊《こわ》れてしまう死刑囚《しけいしゅう》は決《けっ》して少《すく》なくない。だって拷問《ごうもん》に近《ちか》い。死刑《しけい》そのものよりも、こちらのほうがはるかに厳《きび》しい罰《ばつ》だと言《い》う人《ひと》もいる。

死んでおわびをする文化

OECD（経済協力開発機構《けいざいきょうりょくかいはつきこう》）に加盟《かめい》している世界《せかい》の先進《せんしん》三八カ国《こく》の中《なか》で、今《いま》も死刑制度《しけいせいど》を維持《いじ》しているのは日本《にほん》とアメリカ、韓国《かんこく》だけだ。さっきも書《か》いたけど、アメリカは州《しゅう》のうち半分近《はんぶんちか》くが廃止《はいし》を表明《ひょうめい》している。韓国《かんこく》はもう二四年《ねん》も執行《しっこう》していない、事実上《じじつじょう》の廃止国《はいしこく》だ。つまり日本《にほん》は、先進国《せんしんこく》においては例外的《れいがいてき》な死刑存置国《しけいそんちこく》ということになる。だから他《ほか》の先進国《せんしんこく》からよく批判《ひはん》される。二〇〇二年《ねん》には森山眞弓法務大臣《もりやまゆみほうむだいじん》（当時《とうじ》）が、日本《にほん》の「死《し》んでおわびをする」という慣用句《かんようく》を使《つか》って反論《はんろん》した。

このニュースを見《み》たとき、僕《ぼく》は唖然《あぜん》とした。だって死刑囚《しけいしゅう》に自殺《じさつ》は許《ゆる》されない。つまりは自《みずか》ら死《し》んでおわびをすることはできないのだ。当日《とうじつ》の朝《あさ》に不意打《ふいう》ちで処刑《しょけい》することを言《い》い渡《わた》すようになったことも含《ふく》めて、拘置所《こうちしょ》では徹底《てってい》した管理《かんり》が行《おこな》われている。また死刑囚《しけいしゅう》は、体調《たいちょう》が悪《わる》いときには処刑《しょけい》されないことになっている。もしも重病《じゅうびょう》になったとしたら、これを完全《かんぜん》に治《なお》してから処刑《しょけい》されねばならない。

つまり死刑囚《しけいしゅう》は、「死《し》んで」おわびをするのではなく、「殺《ころ》されて」おわびをしなければならないのだ。

だから言葉《ことば》の正《ただ》しい使《つか》い方《かた》としては、「死刑《しけい》」ではなく「殺刑《さっけい》」なのだと主張《しゅちょう》する人《ひと》がいる。でも最近《さいきん》では「殺刑《さっけい》」どころか、この「死刑《しけい》」すら、あまり使《つか》われなくなった。メディアなどでよく使《つか》われる言葉《ことば》は「極刑《きょっけい》」だ。たぶん「死《し》」とか「殺《さつ》」とか、そんな漢字《かんじ》を使《つか》いたくないとの意識《いしき》が、どこかで働《はたら》いているからだろう。

3章《しょう》で話《はな》したことを思《おも》い出《だ》してほしい。言葉《ことば》は重要《じゅうよう》だ。言葉《ことば》には本質《ほんしつ》が表《あらわ》れる。単《たん》純化《じゅんか》すれば複雑《ふくざつ》な実態《じったい》が消《き》える。だから簡単《かんたん》に言《い》い換《か》えてはならない。矛盾《むじゅん》が隠《かく》されてしまうことがあるからだ。今《いま》のあなたが死刑《しけい》についてどう思《おも》っているのか、僕《ぼく》にはわからない。今《いま》まではあまり深《ふか》く考《かんが》えてこなかったかもしれない。あるいは、死刑《しけい》はなくしたほうがいいと思《おも》っているかもしれないし、人《ひと》を殺《ころ》した人《ひと》は殺《ころ》されても当然《とうぜん》だと思《おも》っているかもしれない。考《かんが》えれば考《かんが》えるほどわからなくなってきた、と思《おも》っているかもしれない。

結論《けつろん》を急《いそ》ぐことはない。もっともっと考《かんが》えてほしい。でも考《かんが》えるためには、言葉《ことば》の言《い》い換《か》えなどでごまかしたり目《め》をそらしたりしないで、できるだけ本質《ほんしつ》を見《み》つめよう。今《いま》まで知《し》っているつもりだったもの、見《み》ていると思《おも》っていたものでも、角度《かくど》を変《か》えれば、まったく違《ちが》う形《かたち》や色《いろ》が表《あらわ》れる。新《あたら》しい発見《はっけん》は、きっとあるはずだ。だからいろんな角度《かくど》から見《み》つめよう。そして考《かんが》えよう。

最後のプロセス

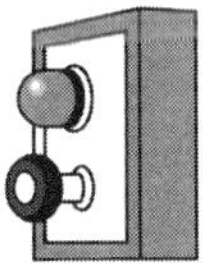

部屋《へや》から出《だ》されて処刑場《しょけいじょう》に連《つ》れてこられた死刑囚《しけいしゅう》は、唯一《ゆいいつ》の話《はな》し相手《あいて》だった教誨師《きょうかいし》（死刑囚《しけいしゅう》や受刑者《じゅけいしゃ》に対《たい》して、その罪《つみ》や非《ひ》を悔《く》い改《あらた》めるように教《おし》えさとす人《ひと》。多《おお》くの場合《ばあい》

はお寺《てら》のお坊《ぼう》さんや教会《きょうかい》の牧師《ぼくし》や神父《しんぷ》など）と最後《さいご》の挨拶《あいさつ》をし、最後《さいご》のたばこやお茶《ちゃ》菓子《がし》を与《あた》えられる。僕《ぼく》が話《はなし》を聞《き》いた教誨師《きょうかいし》の神父《しんぷ》は、これまで何人《なんにん》も死刑囚《しけいしゅう》を見送《みおく》ってきたけれど、最後《さいご》に取《と》り乱《みだ》すような人《ひと》はほとんどいなかった、と僕《ぼく》に説明《せつめい》した。みんな覚悟《かくご》を決《き》めて、その神父《しんぷ》や刑務官《けいむかん》（拘置所《こうちしょ》の職員《しょくいん》）たちに「お世話《せわ》になりました」と頭《あたま》を下《さ》げて、中《なか》には一人一人に握手《あくしゅ》を求《もと》める死刑囚《しけいしゅう》もいたという。

それから両手首《りょうてくび》を体《からだ》の後《うし》ろで縛《しば》られ、両足首《りょうあしくび》も揃《そろ》えて縛《しば》られて目隠《めかく》しもされて、死《し》刑囚《けいしゅう》は処刑場《しょけいじょう》の床《ゆか》の上《うえ》に立《た》たされる。さすがにこのときには、自分《じぶん》がこれから死《し》ぬという恐怖《きょうふ》で、足《あし》がすくんで動《うご》けなくなる死刑囚《しけいしゅう》もいるようだ。そういう場合《ばあい》には、大《おお》勢《ぜい》の刑務官《けいむかん》たちが両脇《りょうわき》を支《ささ》えながら立《た》たせ、死刑囚《しけいしゅう》の首《くび》に、天井《てんじょう》から降《お》りてきたロープの輪《わ》をかける。

別室《べっしつ》には、死刑囚《しけいしゅう》が立《た》つ床板《ゆかいた》を外《はず》すスイッチが設置《せっち》されている。壁《かべ》に設置《せっち》されたスイッチの数《かず》は三つから五つ（刑場《けいじょう》によって違《ちが》う）。そのスイッチと同《おな》じ数《かず》だけの刑務官《けいむかん》が、それぞれのスイッチの前《まえ》に立《た》って合図《あいず》を待《ま》っている。

状況《じょうきょう》を見守《みまも》っていた刑務官《けいむかん》の合図《あいず》と同時《どうじ》に、別室《べっしつ》の刑務官《けいむかん》たちはいっせいにスイッチを押《お》す。このうちの一つが、死刑囚《しけいしゅう》が立《た》つ床板《ゆかいた》が外《はず》れる回路《かいろ》につながっているスイッチだ。でもそれがどのスイッチなのかは、刑務官《けいむかん》たちにはわからない。なぜ一つではなく複数《ふくすう》のスイッチを複数《ふくすう》の人《ひと》が押《お》すのかと言《い》えば、人《ひと》を殺《ころ》すという罪《つみ》の意識《いしき》を少《すこ》しでも軽《かる》くするためだ。もしも五人いるのなら、罪《つみ》の意識《いしき》は五分《ぶん》の一になるとの考《かんが》えだ。

スイッチが押《お》されると同時《どうじ》に、死刑囚《しけいしゅう》の足下《あしもと》の床板《ゆかいた》が外《はず》れて、死刑囚《しけいしゅう》は首《くび》にロープを巻《ま》いたまま、階下《かいか》に落下《らっか》する。

でも階下《かいか》の床《ゆか》には落《お》ちない。ロープはそれほど長《なが》くない。ロープが伸《の》びきったときに自《みずか》らの体重《たいじゅう》の衝撃《しょうげき》で、死刑囚《しけいしゅう》の頸椎《けいつい》や脊椎《せきつい》が破壊《はかい》される。即死《そくし》はしない。心臓《しんぞう》はしばらく動《うご》いている。

生《い》き返《かえ》る可能性《かのうせい》があるとの理由《りゆう》で、一五分《ふん》以上《いじょう》吊《つる》すことがルールになっている。吊《つる》されてから絶命《ぜつめい》するまでの平均時間《へいきんじかん》は一四分前後《ふんぜんご》らしい。最短《さいたん》は四分《ふん》三五秒《びょう》で、最長《さいちょう》は三七分《ふん》だったと記《しる》した文献《ぶんけん》がある。

このときに死刑囚《しけいしゅう》が苦《くる》しんでいるのかどうか、それは誰《だれ》にもわからない。なぜならこの状態《じょうたい》になってから、この世《よ》に帰《かえ》ってきた人《ひと》はいないから。でも（さっきも書《か》いたけれど）かつて絞首刑《こうしゅけい》が多《おお》かったアメリカでは、吊《つる》された死刑囚《しけいしゅう》は完全《かんぜん》に絶命《ぜつめい》するまでに、とても大《おお》きな苦痛《くつう》を与《あた》えられているとの研究《けんきゅう》が発表《はっぴょう》されたので、今《いま》では絞首刑《こうしゅけい》を採用《さいよう》している州《しゅう》は存在《そんざい》しない。

やがて一五分以上《ふんいじょう》が過《す》ぎてから、医務官《いむかん》が吊《つる》されたままの死刑囚《しけいしゅう》に近《ちか》づいて、脈《みゃく》をとったり瞳孔《どうこう》の開《ひら》き具合《ぐあい》を見《み》たりして、絶命《ぜつめい》しているかどうかを確認《かくにん》する。こうして処刑《しょけい》が終《お》わる。

今も行われていること

ここまで僕《ぼく》は、できるだけ客観的《きゃくかんてき》に、わかっている事実《じじつ》だけを書《か》いた。死刑《しけい》の過程《かてい》をこのように描写《びょうしゃ》すれば、あまりに残酷《ざんこく》すぎて、あなたは目《め》を背《そむ》けたくなるかもしれ

ない。

でもこれは映画《えいが》や小説《しょうせつ》の話《はなし》ではない。日本社会《にほんしゃかい》で暮《く》らす人々《ひとびと》（つまり僕《ぼく》やあなた）の合意形成《ごういけいせい》を前提《ぜんてい》に、今《いま》も現実《げんじつ》に行《おこな》われていることなのだ。

まだ結論《けつろん》は出《だ》さなくていい。もう少《すこ》し考《かんが》えよう。物事《ものごと》は多面的《ためんてき》で多重的《たじゅうてき》で多層的《たそうてき》。どこから見《み》るかでまったく変《か》わる。死刑《しけい》とは何《なに》か。それはどんな意味《いみ》を持《も》つ制度《せいど》なのか。確《たし》かに残酷《ざんこく》だけど必要《ひつよう》なのか。あるいは不要《ふよう》なのか。その結論《けつろん》について、僕《ぼく》はまだあなたの答《こた》えを聞《き》きたくない。安易《あんい》に結論《けつろん》を出《だ》してほしくない。もう少《すこ》し考《かんが》えよう。悩《なや》もう。でも一つだけ確《たし》かなこと。

これは、みんなが知るべきことだ。

今《いま》のあなたが中学生《ちゅうがくせい》や高校生《こうこうせい》ならば、数年後《すうねんご》に裁判員《さいばんいん》に選《えら》ばれる可能性《かのうせい》がある。そして裁判員《さいばんいん》が参加《さんか》する裁判《さいばん》は、被告人《ひこくにん》を死刑《しけい》にするかどうかを決断《けつだん》しなければいけない重大《じゅうだい》な裁判《さいばん》であることが少《すく》なくない。つまりそのとき、誰《だれ》かを死刑《しけい》にするかどうかを、あなたは決《き》めなくてはいけない。もしかしたら評議中《ひょうぎちゅう》にあなたがふとつぶやいた一言《ひとこと》で、誰《だれ》かが死刑《しけい》になったり、ならなかったりすることだってあるかもしれない。だから死刑《しけい》とはどんなものなのか、知《し》らなくてはならない。とても当《あ》たり前《まえ》のこと。死刑《しけい》がどんなものかを知《し》らずに、死刑《しけい》にすべきかすべきでないかを決《き》めることなどできない。決《き》めるべきではない。

この国《くに》に死刑制度《しけいせいど》があることを知《し》らない人《ひと》は、たぶんいないだろう。誰《だれ》もが制度《せいど》があることは知《し》っている。でもそれがどんなものかは具体的《ぐたいてき》に知《し》らない。この制度《せいど》から「目《め》をそらしている」からだ。隠《かく》されていることに気《き》づくきっかけも少《すく》ない。

見せしめだった時代

死刑《しけい》はいつごろから、どのように始《はじ》まったのだろう。

最古《さいこ》の記録《きろく》など残《のこ》されていないけれど、悪《わる》いことをした人《ひと》を処刑《しょけい》するという行為《こうい》は、有史以前《ゆうしいぜん》からあったことはまちがいない。

1章《しょう》を思《おも》い出《だ》してほしい。人《ひと》の祖先《そせん》は樹上《じゅじょう》から地上《ちじょう》に降《お》りてきたころ、群《む》れで暮《く》らすようになった。集団《しゅうだん》で生活《せいかつ》するための取《と》り決《き》め（ルール）は掟《おきて》となり、これを破《やぶ》った人《ひと》に対《たい》しては、罰《ばつ》（ペナルティ）が与《あた》えられた。なぜなら罰《ばつ》がないのなら、人《ひと》は同《おな》じ過《あやま》ちや悪事《あくじ》を何度《なんど》もくり返《かえ》すこともありうるからだ。

特《とく》に群《む》れ全体《ぜんたい》の調和《ちょうわ》を乱《みだ》すような掟破《おきてやぶ》りに対《たい》しては、その人《ひと》を群《む》れから追放《ついほう》するか、あるいは殺《ころ》してしまうことで、問題《もんだい》を解決《かいけつ》することもあったはずだ。

かつて死刑《しけい》は、必《かなら》ずしも重罪《じゅうざい》だけに適用《てきよう》される刑罰《けいばつ》とはかぎらなかった。近代《きんだい》になる前《まえ》には、盗《ぬす》みなどの行為《こうい》でも、簡単《かんたん》に死刑《しけい》になる場合《ばあい》があった。当時《とうじ》は裁判《さいばん》というシステムが整《ととの》えられていなかったし、罪刑法定主義《ざいけいほうていしゅぎ》や無罪推定原則《むざいすいていげんそく》、デュー・プロセス（適正《てきせい》な手続《てつづ》き）などの思想《しそう》を、誰《だれ》も持《も》っていなかったからだ。多《おお》くの国《くに》や地域《ちいき》では、自由《じゆう》を拘束《こうそく》する自由刑《じゆうけい》という発想《はっそう》がなかったから刑務所《けいむしょ》は少《すく》なく、軽《かる》い罪《つみ》でもすぐに死刑《しけい》にされた。なぜ悪《わる》いことをした人《ひと》をみんなで養《やしな》わなければならないのか、との意見《いけん》もあったはずだ。そしてこの意見《いけん》は、今も死刑存置《しけいそんち》（死刑制度《しけいせいど》を続《つづ》けること）を主張《しゅちょう》する人《ひと》たちの一部《いちぶ》が、頻繁《ひんぱん》に口《くち》にすることでもある。

また、この時代《じだい》の死刑《しけい》には、犯罪者《はんざいしゃ》を社会《しゃかい》から排除《はいじょ》することだけではなく、悪《わる》いことをしたらこんな目《め》にあうのだという見《み》せしめの意味《いみ》も強《つよ》かった。だから公開処刑《こうかいしょけい》は当《あ》たり前《まえ》だし、より残虐《ざんぎゃく》に処刑《しょけい》するほうが、見《み》せしめとしてはより大《おお》きな効果《こうか》がある。

日本《にほん》の場合《ばあい》、鎌倉幕府《かまくらばくふ》は死刑執行《しけいしっこう》の方法《ほうほう》について、絞首《こうしゅ》と斬首《ざんしゅ》の二種類《しゅるい》を定《さだ》めていたけれど、時代《じだい》が戦国時代《せんごくじだい》を迎《むか》えたころ、乱《みだ》れた世相《せそう》を反映《はんえい》するかのように、磔《はりつけ》や釜《かま》ゆで、火《ひ》あぶりなど、残虐《ざんぎゃく》な処刑方法《しょけいほうほう》が多《おお》くなった。もちろん公開《こうかい》だ。だから極悪人《ごくあくにん》が処刑《しょけい》されるときは、その苦《くる》しむ様子《ようす》を見《み》たさに多《おお》くの人《ひと》が集《あつ》まり、死刑《しけい》は見世物的《みせものてき》な催《もよお》しでもあった。

その一つの例《れい》を挙《あ》げよう。石川五右衛門《いしかわごえもん》という大盗賊《だいとうぞく》は、豊臣秀吉《とよとみひでよし》の命《いのち》を狙《ねら》ったということで、本人《ほんにん》だけではなく一族郎党《いちぞくろうとう》も含《ふく》めて、京《きょう》の河原《かわら》で釜《かま》ゆでの刑《けい》に処《しょ》された。

幼《おさな》い息子《むすこ》と一緒《いっしょ》に釜《かま》の中《なか》に入《い》れられた五右衛門《ごえもん》は、息子《むすこ》を必死《ひっし》に頭《あたま》の上《うえ》に持《も》ち上《あ》げながら、ぐらぐらと煮立《にた》つ油《あぶら》で揚《あ》げられたという。

彼《かれ》が犯《おか》した罪《つみ》は、今《いま》ならば秀吉《ひでよし》への殺人未遂《さつじんみすい》ということになる。結局《けっきょく》は暗殺《あんさつ》に失敗《しっぱい》した。ところがその相手《あいて》が、当時《とうじ》の最高権力者《さいこうけんりょくしゃ》である秀吉《ひでよし》だったから、これほどに残虐《ざんぎゃく》な刑罰《けいばつ》を受《う》けた。何《なに》も悪《わる》いことをしていない幼《おさな》い息子《むすこ》や両親《りょうしん》、親戚《しんせき》までも一緒《いっしょ》に処刑《しょけい》するなど、今《いま》ではとても考《かんが》えられない。

でもそんな時代《じだい》が確《たし》かにあった。あなたにそれを知《し》ってほしい。人《ひと》は環境《かんきょう》に強《つよ》く影響《えいきょう》される。なぜなら集団《しゅうだん》で生《い》きることを選《えら》んだから。時代《じだい》や文化《ぶんか》や状況《じょうきょう》が違《ちが》えば、人《ひと》はありえないほどに残虐《ざんぎゃく》なことをやってしまう生《い》きものだ。

人権が生まれて

戦乱《せんらん》の時代《じだい》が終《お》わった江戸期以降《えどきいこう》、残虐《ざんぎゃく》な刑罰《けいばつ》は少《すく》なくなる。武士階級《ぶしかいきゅう》の切腹《せっぷく》や仇《あだ》討《う》ちは、このころから定着《ていちゃく》した。死刑存置《しけいそんち》を主張《しゅちょう》する人《ひと》たちの中《なか》には、仇討《あだう》ちは日本《にほん》の文化《ぶんか》であり、死刑《しけい》は国家《こっか》が国民《こくみん》に代《か》わって行《おこな》う仇討《あだう》ちなのだと言《い》う人《ひと》がいるけれど、でも切腹《せっぷく》や仇討《あだう》ちが認《みと》められていたのは、当時《とうじ》の人々《ひとびと》のうち、ほんの一部《いちぶ》の階層《かいそう》である武士階級《ぶしかいきゅう》だ。農民《のうみん》や商人《しょうにん》には、そんな権利《けんり》は認《みと》められていない。そもそもこれは義《ぎ》務《む》であって権利《けんり》ではない。日本《にほん》の文化《ぶんか》とまでは言《い》えないと僕《ぼく》は思《おも》う。

それに武士道《ぶしどう》を理由《りゆう》にするならば、ヨーロッパの国々《くにぐに》にはかつて決闘《けっとう》を認《みと》める騎士《きし》道《どう》があった。でも今《いま》は、ベラルーシ以外《いがい》は死刑《しけい》を廃止《はいし》している。仇討《あだう》ちの道理《どうり》はもはや、世界《せかい》に通《つう》じなくなってきている。

「人権《じんけん》」という概念《がいねん》が生《う》まれたのは、近代《きんだい》だ。人《ひと》が生《う》まれたときから持《も》っている権利《けんり》。世界人権宣言《せかいじんけんせんげん》では人権《じんけん》の基本《きほん》について、「すべての人間《にんげん》は、生《う》まれながらにして自由《じゆう》であり、かつ、尊厳《そんげん》と権利《けんり》について平等《びょうどう》である」と書《か》いている。

生命《せいめい》と自由《じゆう》、身体《しんたい》の安全《あんぜん》に対《たい》する権利《けんり》、あるいは法《ほう》の下《もと》で、人《ひと》として認《みと》められる権《けん》利《り》。こうした人権意識《じんけんいしき》を土台《どだい》にしながら、多《おお》くの国《くに》で民主主義《みんしゅしゅぎ》や資本主義《しほんしゅぎ》が受《う》け入《い》れ

世界人権宣言《せかいじんけんせんげん》

■☞第《だい》1条《じょう》　すべての人間《にんげん》は、生《うま》れながらにして自由《じゆう》であり、かつ、尊厳《そんげん》と権利《けんり》とについて平等《びょうどう》である。人間《にんげん》は、理性《りせい》と良心《りょうしん》とを授《さず》けられており、互《たが》いに同胞《どうほう》の精神《せいしん》をもって行動《こうどう》しなければならない。

■☞第《だい》3条《じょう》　すべて人《ひと》は、生命《せいめい》、自由《じゆう》及《およ》び身体《しんたい》の安全《あんぜん》に対《たい》する権利《けんり》を有《ゆう》する。

■☞第《だい》5条《じょう》　何人《なんぴと》も、拷問《ごうもん》又《また》は残虐《ざんぎゃく》な、非人道的《ひじんどうてき》な若《も》しくは屈辱的《くつじょくてき》な取扱《とりあつかい》若《も》しくは刑罰《けいばつ》を受《う》けることはない。

■☞第《だい》11条《じょう》　1　犯罪《はんざい》の訴追《そつい》を受《う》けた者《もの》は、すべて、自己《じこ》の弁護《べんご》に必要《ひつよう》なすべての保障《ほしょう》を与《あた》えられた公開《こうかい》の裁判《さいばん》において法律《ほうりつ》に従《したが》って有罪《ゆうざい》の立証《りっしょう》があるまでは、無罪《むざい》と推《すい》定《てい》される権利《けんり》を有《ゆう》する。

（外務省ウェブサイトより）

られるとともに、司法《しほう》における罪刑法定主義《ざいけいほうていしゅぎ》や無罪推定原則《むざいすいていげんそく》などが定着《ていちゃく》し、裁判制度《さいばんせいど》も整備《せいび》されて、罪《つみ》の重《おも》さに対応《たいおう》する罰《ばつ》が与《あた》えられるようになった。

生命《せいめい》を奪《うば》う死刑《しけい》は、最大《さいだい》の人権侵害《じんけんしんがい》でもある。だから処刑方法《しょけいほうほう》も変《か》わり、火《ひ》あぶりや磔《はりつけ》など極度《きょくど》の苦痛《くつう》を与《あた》えながら殺《ころ》すという見世物的《みせものてき》な処刑方法《しょけいほうほう》から、ギロチンや銃殺刑《じゅうさつけい》、絞首刑《こうしゅけい》や電気椅子《でんきいす》など、短時間《たんじかん》でなるべく苦痛《くつう》を与《あた》えないように殺《ころ》す方法《ほうほう》へと変《か》わってきた。

日本《にほん》でも一八七〇年《ねん》に、明治政府《めいじせいふ》は処刑方法《しょけいほうほう》を「斬首《ざんしゅ》」と「絞首《こうしゅ》」の二種類《しゅるい》に限定《げんてい》し、さらに一〇年後《ねんご》には「斬首《ざんしゅ》」を廃止《はいし》した。ただし軍隊《ぐんたい》においては、例外的《れいがいてき》に銃殺《じゅうさつ》が認《みと》められていた。

一九四六年《ねん》、日本国憲法《にほんこくけんぽう》が公布《こうふ》され、翌《よく》四七年《ねん》に施行《しこう》されたけれど、死刑制度《しけいせいど》や執行方法《しっこうほうほう》などについては、大日本帝国憲法《だいにほんていこくけんぽう》の時代《じだい》とほとんど変《か》わらなかった。こうして日本《にほん》では、今《いま》も死刑制度《しけいせいど》が続《つづ》いている。

増える廃止国

ここであなたに質問《しつもん》。

Q　死刑《しけい》を廃止《はいし》した国《くに》は、今《いま》のこの世界《せかい》で、どのくらいあるのだろう？

答《こた》えは一五五ページを見《み》てほしい。

国際人権団体《こくさいじんけんだんたい》のアムネスティ・インターナショナルによると、死刑《しけい》を廃止《はいし》した国《くに》と実質的《じっしつてき》な廃止《はいし》（制度《せいど》はあっても過去《かこ》一〇年以上《ねんいじょう》にわたって執行《しっこう》がない）国《こく》は、合《あ》わせて一四四カ国《こく》。これに対《たい》して死刑存置国《しけいそんちこく》は、日本《にほん》を含《ふく》むアジアの一部《いちぶ》とアラブを中心《ちゅうしん》に五五カ国《こく》。つまり、世界《せかい》の七割《わり》は死刑《しけい》を廃止《はいし》している。さらに近年《きんねん》は、死刑制度《しけいせいど》を残《のこ》す国《くに》でも執行数《しっこうすう》が減少《げんしょう》している。二〇二〇年《ねん》に死刑《しけい》を執行《しっこう》した国《くに》の数《かず》は一八カ国《こく》だ。

二〇二〇年《ねん》のアメリカ大統領選挙《だいとうりょうせんきょ》で当選《とうせん》したバイデンは選挙前《せんきょまえ》に、連邦《れんぽう》レベルの死刑廃止《しけいはいし》を公約《こうやく》に挙《あ》げていた。ならば今後《こんご》アメリカでも、廃止《はいし》する州《しゅう》はもっと増《ふ》えるだろう。世界最大《せかいさいだい》の死刑大国《しけいたいこく》である中国《ちゅうごく》も近年《きんねん》は、執行数《しっこうすう》は減少傾向《げんしょうけいこう》にある。

左《ひだり》の表《ひょう》を見《み》ると、二〇〇〇年代《ねんだい》に入《はい》って死刑《しけい》を執行《しっこう》する国《くに》は少《すこ》しずつ減《へ》ると同時《どうじ》に、事実上《じじつじょう》の廃止《はいし》も含《ふく》めた廃止国《はいしこく》の数《かず》は増《ふ》えている。死刑廃止国《しけいはいしこく》が増《ふ》え続《つづ》ける理由《りゆう》の一つは、死刑《しけい》を廃止《はいし》しても凶悪犯罪《きょうあくはんざい》は増《ふ》えないことが、データとして明《あき》らかになったからだ。

死刑制度《しけいせいど》が持《も》つ最大《さいだい》の意味《いみ》は、法《ほう》を破《やぶ》ったらこんな目《め》にあうとの見《み》せしめだ。かつて多《おお》くの人《ひと》は、極悪人《ごくあくにん》は必《かなら》ず殺《ころ》されるということを社会《しゃかい》に知《し》らしめれば、凶悪《きょうあく》な犯罪《はんざい》は防止《ぼうし》できると思《おも》っていた。だから死刑《しけい》は必要《ひつよう》なのだと信《しん》じていた。

でもベラルーシ以外《いがい》はすべて死刑《しけい》を廃止《はいし》したヨーロッパの国々《くにぐに》の場合《ばあい》、廃止後《はいしご》に凶《きょう》悪犯罪《あくはんざい》が増《ふ》えたとのデータはほとんど認《みと》められない。それどころか近年《きんねん》では、死刑《しけい》になりたいとの動機《どうき》で、人《ひと》を殺《ころ》す人《ひと》が増《ふ》えてきた。たとえば州《しゅう》によって死刑廃止《しけいはいし》と存置《そんち》

増える廃止国

年	死刑全廃止国数	法律上または事実上廃止国合計数	死刑執行国数
1980	23		
1990	46		
2000	75		
2005	86		
2006		128	25
2007		134	24
2008		138	25
2009		139	18
2010	96	139	23
2011	96	140	20
2012	97	140	21
2013	98	140	22
2014	98	140	22
2015	102	140	25
2016	104	141	23
2017	106	142	23
2018	106	142	20
2019	106	142	20
2020	108	144	18

アムネスティのウェブサイト「死刑廃止国および執行国の推移」（「死刑廃止－最新の死刑統計（2020）」）より作成

が入《い》り乱《みだ》れているアメリカでは、わざわざ死刑廃止《しけいはいし》の州《しゅう》から死刑存置《しけいそんち》の州《しゅう》に移動《いどう》して殺人事件《さつじんじけん》を起《お》こしたケースなども報告《ほうこく》されている。明《あき》らかに死刑《しけい》になることを目的《もくてき》にした犯罪《はんざい》だ。

同様《どうよう》に日本《にほん》でも、死刑《しけい》になることを望《のぞ》み（あるいは覚悟《かくご》して）、無差別《むさべつ》に大量《たいりょう》の人《ひと》を殺《ころ》すような事件《じけん》が増《ふ》えている。ならば死刑《しけい》は、犯罪防止《はんざいぼうし》どころか、犯罪《はんざい》を増《ふ》やしているという見方《みかた》もできる。

統計《とうけい》の読《よ》み方《かた》や分析《ぶんせき》は単純《たんじゅん》ではない。見方《みかた》によっていろいろ変《か》わる。でも少《すく》なくとも死刑《しけい》については、犯罪防止《はんざいぼうし》にはほとんど役立《やくだ》っていないとの見方《みかた》が、社会学的《しゃかいがくてき》にはほぼ常識《じょうしき》になりつつある。

国民の八割が支持

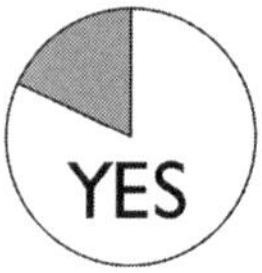

今後《こんご》も世界的《せかいてき》な傾向《けいこう》として、死刑廃止《しけいはいし》の国《くに》はさらに増《ふ》えるだろうと予測《よそく》されている。

ところが日本《にほん》は、二〇〇〇年代以降《ねんだいいこう》、二〇〇八年《ねん》と一八年《ねん》に年間《ねんかん》一五人《にん》の大量執行《たいりょうしっこう》を行《おこな》っていて、死刑廃止《しけいはいし》の方向《ほうこう》に向《む》かうという気配《けはい》は、今《いま》のところほとんどない。

世界《せかい》の流《なが》れに乗《の》って、日本《にほん》も死刑《しけい》を廃止《はいし》しなくてはならない。あなたはそう思《おも》うだろうか。僕《ぼく》の考《かんが》えは少《すこ》し違《ちが》う。他国《たこく》に合《あ》わせる必要《ひつよう》はない。死刑制度《しけいせいど》を存置《そんち》することに確《たし》かな理念《りねん》と根拠《こんきょ》があるならば、胸《むね》を張《は》って処刑《しょけい》すべきと考《かんが》えている。だけど、もしも確《たし》かな理念《りねん》と冷静《れいせい》で論理的《ろんりてき》な根拠《こんきょ》がないならば、死刑制度《しけいせいど》はやめるべきだと思《おも》う。だから一緒《いっしょ》に考《かんが》えよう。理念《りねん》はどこにあるのか。どのような根拠《こんきょ》によって支《ささ》えられているのか。そして今《いま》の日本《にほん》で、死刑《しけい》は必要《ひつよう》だと多《おお》くの人《ひと》が思《おも》う理由《りゆう》は何《なん》なのか。

内閣府《ないかくふ》による二〇一九年《ねん》の世論調査《よろんちょうさ》によれば（二〇二一年《ねん》九月現在《がつげんざい》で最新《さいしん》のデータだ）、今《いま》のこの国《くに》で、「死刑《しけい》もやむを得《え》ない」と考《かんが》える人《ひと》は、世論《よろん》の八割《わり》を超《こ》えている（正確《せいかく》には八〇・八パーセント）。反対《はんたい》に「死刑《しけい》は廃止《はいし》すべきである」と考《かんが》える人《ひと》は九パーセントで、「わからない・一概《いちがい》に言《い》えない」が残《のこ》り一〇・二パーセントの人《ひと》たちだ。

つまり今《いま》のこの国《くに》は、「死刑《しけい》は残《のこ》すべきだ」と考《かんが》える人《ひと》が、「死刑《しけい》をなくしたほうがいい」と考《かんが》える人《ひと》よりも、圧倒的《あっとうてき》に多《おお》い。国連《こくれん》や欧州評議会《おうしゅうひょうぎかい》などからは日本政府《にほんせいふ》に対《たい》して、死刑《しけい》を廃止《はいし》すべきだとの勧告《かんこく》が毎年《まいとし》のようにある。でも「国民《こくみん》の多《おお》くが死刑《しけい》制度《せいど》の存置《そんち》を希望《きぼう》している」ことを理由《りゆう》に、日本政府《にほんせいふ》はこれに応《おう》じようとしていない。とにかく今《いま》のところ、国民《こくみん》の多《おお》くが死刑存置《しけいそんち》を希望《きぼう》しているから、この国《くに》から死刑《しけい》がなくなる可能性《かのうせい》はとても低《ひく》い。

これはまちがってはいない。だってこの国《くに》は民主主義《みんしゅしゅぎ》の国《くに》なのだ。法律《ほうりつ》やルールの多《おお》くは、多数決《たすうけつ》で決《き》められる。もしも国民《こくみん》のほとんどが死刑《しけい》はないほうがよいと考《かんが》えるのなら、死刑《しけい》はいずれなくなるだろう。でも現状《げんじょう》はそうではない。国民《こくみん》の八割以上《わりいじょう》が死刑《しけい》は必要《ひつよう》だと考《かんが》えているのだから、この国《くに》から死刑《しけい》はなくならない。ある意味《いみ》で筋《すじ》は通《とお》っている。

でもあなたに知《し》ってほしい。

物事《ものごと》すべてが、多数決《たすうけつ》だけで決《き》まるわけではない。言《い》い換《か》えれば、多《おお》いほうが常《つね》に正《ただ》しいわけでもない。

世論を押し切ったフランス

死刑《しけい》を廃止《はいし》した多《おお》くの国《くに》では、死刑《しけい》を廃止《はいし》する前《まえ》の世論《よろん》は、だいたい六対《たい》四で存置《そんち》派《は》が多《おお》いことが普通《ふつう》だ。つまり多数決《たすうけつ》の論理《ろんり》だけならば、死刑《しけい》を廃止《はいし》する国《くに》は、ほとんど現《あらわ》れなかった。でも現状《げんじょう》では、世界《せかい》の国々《くにぐに》のおよそ三分《ぶん》の二は、死刑廃止《しけいはいし》に踏《ふ》み切《き》った。

たとえばフランスは、一九八一年《ねん》に死刑《しけい》を全面的《ぜんめんてき》に廃止《はいし》した。この年《とし》に大統領《だいとうりょう》になったミッテランが、公約《こうやく》として死刑廃止《しけいはいし》を掲《かか》げていたからだ。

大統領《だいとうりょう》に選《えら》ばれたミッテランは、死刑廃止運動《しけいはいしうんどう》を行《おこな》っていたロベール・バダンテール弁護士《べんごし》を法務大臣《ほうむだいじん》に任命《にんめい》した。バダンテールはすぐに死刑廃止法案《しけいはいしほうあん》を議会《ぎかい》に提出《ていしゅつ》して、ミッテランが大統領《だいとうりょう》に就任《しゅうにん》してから四カ月後《げつご》に、死刑廃止法案《しけいはいしほうあん》は議会《ぎかい》で可決《かけつ》された。法案《ほうあん》が通《とお》ったとき、バダンテールは国会《こっかい》で、次《つぎ》のようにスピーチした。

結局《けっきょく》、死刑廃止《しけいはいし》とは一つの根源的《こんげんてき》な選択《せんたく》であり、人間《にんげん》と司法《しほう》についてのある一つの構想《こうそう》なのです。人《ひと》を殺す司法《しほう》を望《のぞ》む人々《ひとびと》は、二重《にじゅう》の信念《しんねん》に動《うご》かされています。一つは、完全《かんぜん》に有罪《ゆうざい》の人間《にんげん》、つまり自分《じぶん》の行為《こうい》に完全《かんぜん》に責任《せきにん》のある人間《にんげん》が存在《そんざい》するという信念《しんねん》。もう一つは、こいつは生《い》きてよい、こいつは死《し》ななければならないと言《い》いうるほどにその無過誤《むかご》を確信《かくしん》した司法《しほう》が存在《そんざい》する可能性《かのうせい》があるという信念《しんねん》です。

私《わたし》はこの歳《とし》になって、この二つの断言《だんげん》はどちらも等《ひと》しくまちがっていると思《おも》います。彼《かれ》らの行為《こうい》がどれだけ恐《おそ》ろしくどれだけ憎《にく》むべきものであろうとも、完全《かんぜん》な有罪性《ゆうざいせい》を持《も》っていて永遠《えいえん》に完全《かんぜん》な絶望《ぜつぼう》の対象《たいしょう》にならなければならない人間《にんげん》はこの地上《ちじょう》にはおりません。司法《しほう》がどれだけ慎重《しんちょう》なものであっても、また、判断《はんだん》を下《くだ》す陪審員男女《ばいしんいんだんじょ》がどれだけ節度《せつど》がありどれだけ不《ふ》安《あん》にさいなまれていようとも、司法《しほう》はずっと人間《にんげん》の行《おこな》いでありますから、誤《あやま》りの可能性《かのうせい》をなくすことはできません。(略《りゃく》)

明日《あす》、みなさんのおかげで、フランスの司法《しほう》はもはや人《ひと》を殺《あや》める司法《しほう》ではなくなるのです。明日《あす》、みなさんのおかげで、夜明《よあ》け方《がた》のフランスの刑《けい》務所《むしょ》の黒《くろ》い天蓋《てんがい》の下《した》で人目《ひとめ》をしのんでこっそり執行《しっこう》される、私《わたし》たちの共通《きょうつう》の恥《はじ》である死刑《しけい》が無《な》くなるのです。明日《あす》、私《わたし》たちの司法《しほう》の血塗《ちぬ》られたページがめくられるのです。

(一九八一年《ねん》九月《がつ》一七日《にち》、フランス国民議会《こくみんぎかい》における演説《えんぜつ》。村野瀬玲奈訳《むらのせれなやく》。ブログ「村野瀬玲奈《むらのせれな》の秘書課広報室《ひしょかこうほうしつ》」より)

……あなたに知《し》ってほしいのは、フランスが死刑《しけい》を廃止《はいし》することを議会《ぎかい》で決《き》めたこのときも、国民《こくみん》の六割以上《わりいじょう》が、死刑《しけい》を廃止《はいし》することに反対《はんたい》していたということだ。

でもバダンテールは、「世論《よろん》に逆行《ぎゃくこう》しても政治家《せいじか》は信念《しんねん》を貫《つらぬ》かねばならないときがある」として、法案《ほうあん》を国会《こっかい》に提出《ていしゅつ》した。もちろんこの法案《ほうあん》に賛成《さんせい》した多《おお》くの国会議員《こっかいぎいん》たちも、同《おな》じような思《おも》いだっただろう。

ここであなたに考《かんが》えてほしい。

死刑《しけい》を廃止《はいし》したほとんどの国《くに》では、死刑《しけい》を廃止《はいし》する前《まえ》の存置派《そんちは》と廃止派《はいしは》の割合《わりあい》は、だいたい六対《たい》四と共通《きょうつう》しているのに、今《いま》の日本《にほん》では八割以上《わりいじょう》が死刑存置《しけいそんち》を主張《しゅちょう》して、廃止《はいし》を求《もと》める人《ひと》は一割《わり》にも満《み》たないということの意味《いみ》を。

オウム事件の衝撃

死刑存置《しけいそんち》の世論《よろん》がさらに強《つよ》くなった時期《じき》と並行《へいこう》するように、殺人事件《さつじんじけん》やテロ行為《こうい》に対《たい》する警戒心《けいかいしん》が、今《いま》のこの国《くに》ではとても強《つよ》くなってきた。

この大《おお》きなきっかけになったのは、一九九五年《ねん》に起《お》きたオウム真理教《しんりきょう》による「地下《ちか》鉄《てつ》サリン事件《じけん》」だ。その前年《ぜんねん》には、1章《しょう》でふれた松本《まつもと》サリン事件《じけん》が起《お》きていた。河野《こうの》さんの家《いえ》の近《ちか》くで猛毒《もうどく》のサリンを撒《ま》いたオウム真理教《しんりきょう》の信者《しんじゃ》たちは、一九九五年《ねん》三月《がつ》、今度《こんど》は東京《とうきょう》の複数《ふくすう》の地下鉄《ちかてつ》車両《しゃりょう》の中《なか》で、またもサリンを散布《さんぷ》した。六〇〇〇人以上《にんいじょう》の人《ひと》が被害《ひがい》を受《う》けて、一三人《にん》が死亡《しぼう》した。

この事件《じけん》は日本社会《にほんしゃかい》にとても強《つよ》い衝撃《しょうげき》を与《あた》えた。この国《くに》の現代史《げんだいし》に残《のこ》る大《おお》きな事件《じけん》だったことは確《たし》かだ。

それほどの事件《じけん》なのに、彼《かれ》らが不特定多数《ふとくていたすう》の人《ひと》を殺傷《さっしょう》しようとしたその理由《りゆう》はよくわかっていない。あなたもお父《とう》さんやお母《かあ》さん、先生《せんせい》などに質問《しつもん》してほしい。なぜオウム真理教《しんりきょう》の信者《しんじゃ》たちは地下鉄《ちかてつ》にサリンを撒《ま》いたのか、と。明確《めいかく》に答《こた》えられる人《ひと》は少《すく》ないと思《おも》う。

東京地裁《とうきょうちさい》の麻原《あさはら》に対《たい》する判決文《はんけつぶん》には、「救済《きゅうさい》の名《な》の下《もと》に日本国《にほんこく》を支配《しはい》して自《みずか》らその王《おう》となることを空想《くうそう》し、（中略《ちゅうりゃく》）無差別大量殺《むさべつたいりょうさつ》りくを目的《もくてき》とする化学兵器《かがくへいき》サリンを大《たい》量《りょう》に製造《せいぞう》してこれを首都東京《しゅととうきょう》に散布《さんぷ》する」という記述《きじゅつ》と、「被告人《ひこくにん》は、首都《しゅと》の地下《ちか》を走《はし》る密閉空間《みっぺいくうかん》である電車内《でんしゃない》にサリンを散布《さんぷ》するという無差別《むさべつ》テロを実行《じっこう》すれば阪神大震《はんしんだいしん》災《さい》に匹敵《ひってき》する大惨事《だいさんじ》となり、間近《まぢか》に迫《せま》った教団《きょうだん》に対《たい》する強制捜査《きょうせいそうさ》もなくなるであろうと考《かんが》え」との記述《きじゅつ》が述《の》べられている。つまりサリンを製造《せいぞう》した理由《りゆう》は日本《にほん》を支配《しはい》するためで、地下鉄《ちかてつ》に散布《さんぷ》した理由《りゆう》は警察《けいさつ》の強制捜査《きょうせいそうさ》の目《め》をかわすため、という解釈《かいしゃく》だ。二つの動機《どうき》は意味《いみ》もレベルもまったく違《ちが》う。それに二つめの動機《どうき》の根拠《こんきょ》は、麻原《あさはら》の側近《そっきん》だった井上嘉浩《いのうえよしひろ》の証言《しょうげん》だが、井上《いのうえ》は後《のち》にこの証言《しょうげん》を自《みずか》ら否定《ひてい》している。そもそも、サリンを作《つく》るために必要《ひつよう》な化学物質《かがくぶっしつ》であるジフロを、誰《だれ》がどのような過程《かてい》で持《も》っていたのかすら、裁判《さいばん》では明《あき》らかにされていない。

さらに麻原《あさはら》の裁判《さいばん》は、一審《しん》だけで打《う》ち切《き》られた。二審《しん》も三審《しん》もない。だからこそ未《み》解明《かいめい》の謎《なぞ》が多《おお》い。何《なに》よりも、事件《じけん》を解明《かいめい》するうえで最重要《さいじゅうよう》なはずの動機《どうき》が明《あき》らかにされていない。でも多《おお》くの謎《なぞ》が解明《かいめい》されないまま、麻原彰晃《あさはらしょうこう》を含《ふく》めて一連《いちれん》の事件《じけん》の犯人《はんにん》として死刑判決《しけいはんけつ》を受《う》けた一三人《にん》の刑《けい》が執行《しっこう》されてしまった。

社会の願いとマスメディア

地下鉄《ちかてつ》サリン事件《じけん》が起《お》きたころ、僕《ぼく》はテレビのディレクターだった。地下鉄《ちかてつ》サリン事件《じけん》が起《お》きたすぐあとに、オウムの現役信者《げんえきしんじゃ》を被写体《ひしゃたい》にしたドキュメンタリー番組《ばんぐみ》を企画《きかく》したけれど、所属《しょぞく》していた番組制作会社《ばんぐみせいさくがいしゃ》から撮影中止《さつえいちゅうし》を命《めい》じられ、次《つぎ》には僕自身《ぼくじしん》がディレクターとしての契約《けいやく》を打《う》ち切《き》られて、最終的《さいしゅうてき》にこの作品《さくひん》は自主制作映画《じしゅせいさくえいが》『A』となった。

なぜこの作品《さくひん》と僕自身《ぼくじしん》が、テレビというマスメディアから拒絶《きょぜつ》されたのか。当時《とうじ》の僕《ぼく》には理由《りゆう》がわからなかった。でも作品《さくひん》が完成《かんせい》して上映《じょうえい》を始《はじ》めてから気《き》がついた。映《えい》画《が》を観《み》た人《ひと》たちのほとんどが異口同音《いくどうおん》に、「オウムの信者《しんじゃ》たちが、あんなに普通《ふつう》の人《ひと》たちだとは思《おも》ってもいなかった」と僕《ぼく》に感想《かんそう》を伝《つた》えたからだ。

要《よう》するに多《おお》くの人《ひと》たちは、テレビや新聞《しんぶん》などマスメディアによって、オウムの信者《しんじゃ》たちは残虐《ざんぎやく》で冷酷《れいこく》な人《ひと》たちだとずっと思《おも》い込《こ》んできた、ということになる。だからこそ『A』を観《み》て驚《おどろ》く。だってスクリーンに映《うつ》る多《おお》くの信者《しんじゃ》たちは、とても普通《ふつう》の人《ひと》たちなのだ。

……普通《ふつう》という言葉《ことば》の定義《ていぎ》は難《むずか》しい。だからこのように言《い》い換《か》えてもいい。少《すく》なくとも彼《かれ》らは、僕《ぼく》よりはずっと善良《ぜんりょう》だし、純粋《じゅんすい》で優《やさ》しい。これは断言《だんげん》できる。

でもオウム事件《じけん》が起《お》きてしばらく（もしかしたら今《いま》も）、テレビを筆頭《ひっとう》にマスメディアは、彼《かれ》らが普通《ふつう》であるということを決《けっ》してアナウンスしなかった。凶悪《きょうあく》で凶暴《きょうぼう》で冷《れい》血《けつ》であると主張《しゅちょう》し続《つづ》けた。その理由《りゆう》は何《なに》か。彼《かれ》らが普通《ふつう》であるということは、テレビの前《まえ》の視聴者《しちょうしゃ》（社会《しゃかい》）にとっては、彼《かれ》らは自分《じぶん》たちと変《か》わらないということを意味《いみ》することになる。もしもそんな情報《じょうほう》を見《み》たり聞《き》いたり読《よ》んだりしたら、多《おお》くの人《ひと》はきっと顔《かお》をしかめる。その情報《じょうほう》を社会《しゃかい》は決《けっ》して望《のぞ》まない。

地下鉄《ちかてつ》サリン事件《じけん》では、不特定多数《ふとくていたすう》の一般市民《いっぱんしみん》が標的《ひょうてき》になった。つまり被害者《ひがいしゃ》はどこかの誰《だれ》かではなく、自分《じぶん》や自分《じぶん》の愛《あい》する誰《だれ》かだったかもしれない。だからこそ被害《ひがい》者遺族《しゃいぞく》の感情《かんじょう》に社会《しゃかい》は強《つよ》く共感《きょうかん》した。もしも加害者《かがいしゃ》である彼《かれ》らオウム信者《しんじゃ》が「普通《ふつう》の人《ひと》たち」であるならば、被害者《ひがいしゃ》である自分《じぶん》たち一般市民《いっぱんしみん》との違《ちが》いがわからなくなる。境《きょう》界線《かいせん》が消《き》える。それは困《こま》る。加害者《かがいしゃ》と被害者《ひがいしゃ》は別《べつ》の存在《そんざい》であり、加害者《かがいしゃ》は絶対的《ぜったいてき》な悪《あく》でなければならない。凶暴《きょうぼう》で危険《きけん》な存在《そんざい》であらねばならない。多《おお》くの人《ひと》はそう考《かんが》えた。

テレビなどマスメディアは、社会《しゃかい》のこの思《おも》いや願《ねが》いに強《つよ》く反応《はんのう》する。いかにオウムが凶暴《きょうぼう》で凶悪《きょうあく》で冷血《れいけつ》なのか、もしくは危険《きけん》なのかということを、ここぞとばかりに強《きょう》調《ちょう》した。なぜならそう伝《つた》えたほうが、視聴率《しちょうりつ》や発行部数《はっこうぶすう》が上《あ》がるからだ。

もしもテレビで、オウムの信者《しんじゃ》たちが優《やさ》しくて善良《ぜんりょう》で純粋《じゅんすい》であるなどと伝《つた》えたら、視《し》聴者《ちょうしゃ》からはとても激《はげ》しい反発《はんぱつ》と抗議《こうぎ》がくるだろう。番組《ばんぐみ》のスポンサーからはもう提《てい》供《きょう》をやめると言《い》われるかもしれない。

事件後《じけんご》に日本社会《にほんしゃかい》がすべきだったのは、純粋《じゅんすい》で優《やさ》しくて善良《ぜんりょう》な彼《かれ》らが、なぜあれほどに凶悪《きょうあく》で冷血《れいけつ》な犯罪《はんざい》を起《お》こしたかを考《かんが》えることだった。でもテレビなどのメディアがその視点《してん》を伝《つた》えないことで、オウムの事件《じけん》は、「凶暴《きょうぼう》な（あるいは洗脳《せんのう》されて普通《ふつう》の感情《かんじょう》を失《うしな》った）人《ひと》たちが起《お》こした凶悪《きょうあく》な事件《じけん》」という単純《たんじゅん》な図式《ずしき》で片付《かたづ》けられてしまった。

その結果《けっか》として、「この世界《せかい》にはこのうえなく邪悪《じゃあく》で残虐《ざんぎゃく》な人《ひと》や集団《しゅうだん》が存在《そんざい》している。しかも彼《かれ》らはいつ自分《じぶん》たちに牙《きば》をむくかわからない」との不安《ふあん》と恐怖《きょうふ》が、人々《ひとびと》の意識《いしき》の底《そこ》にたっぷりと刷《す》り込《こ》まれた。

こうしてオウムの一連《いちれん》の事件《じけん》以降《いこう》、日本《にほん》の刑事司法《けいじしほう》は厳罰化《げんばつか》へと大《おお》きく舵《かじ》を切《き》る。厳《きび》しい罰《ばつ》。つまり、悪人《あくにん》にはもっと重《おも》い罰《ばつ》を与《あた》えたいとの社会《しゃかい》の思《おも》いが、実際《じっさい》に判決《はんけつ》に反映《はんえい》されはじめた。

犯罪は増えている？

ここまでの僕《ぼく》の文章《ぶんしょう》を読《よ》んで、もしかしたらあなたは、「今《いま》は昔《むかし》に比《くら》べて凶悪《きょうあく》な犯罪《はんざい》が増《ふ》えているのだから、罰《ばつ》が厳《きび》しくなることは当然《とうぜん》じゃないか」と思《おも》うかもしれない。

あなただけじゃない。多《おお》くの人《ひと》は、「今《いま》の日本《にほん》の治安《ちあん》はとても悪《わる》くなっている」と思《おも》っている。

あなたに近《ちか》い大人《おとな》や、クラスメートたちはどうだろう？ できればみんなに聞《き》いてみてほしい。ねえねえ、日本《にほん》の治安《ちあん》は悪《わる》くなっていると思《おも》う？ 凶悪《きょうあく》な犯罪《はんざい》が昔《むかし》より増《ふ》えていると思《おも》う？ って。

一七一ページのグラフは、戦後《せんご》の日本《にほん》における殺人事件《さつじんじけん》の数《かず》の変化《へんか》を表《あらわ》している。二〇二〇年《ねん》における殺人事件《さつじんじけん》の認知件数《にんちけんすう》(警察庁《けいさつちょう》が殺人事件《さつじんじけん》として扱《あつか》った事件《じけん》の件数《けんすう》。心中事件《しんじゅうじけん》や未遂《みすい》なども入《はい》っているので、一般《いっぱん》にイメージされる殺人事件《さつじんじけん》の数《かず》はおよそこの半分以下《はんぶんいか》と思《おも》われる)は九二九件《けん》で、戦後《せんご》四番目《ばんめ》に少《すく》ない数字《すうじ》だった。そしてそのずっと前《まえ》から、殺人事件《さつじんじけん》の発生数《はっせいすう》はほぼ毎年《まいとし》、その前年《ぜんねん》よりも減少《げんしょう》し続《つづ》けていた。つまりどんどん減《へ》っている。殺人《さつじん》だけではなく他《ほか》の多《おお》くの刑法犯《けいほうはん》(強盗《ごうとう》や放火《ほうか》、暴行《ぼうこう》や傷害《しょうがい》など)の認知件数《にんちけんすう》も、ほぼ毎年《まいとし》のように戦後最低《せんごさいてい》を更新《こうしん》し続《つづ》けている。

つまり日本《にほん》の治安《ちあん》は、とてもよくなっている。

ちなみに戦後《せんご》もっとも殺人事件《さつじんじけん》が多《おお》かったのは、一九五四年《ねん》の三〇八一件《けん》だ。人口《じんこう》比《ひ》で考《かんが》えれば、近年《きんねん》はこのピーク時《じ》のおよそ四分《ぶん》の一に減少《げんしょう》していると言《い》えるだろう。でも日本《にほん》の治安《ちあん》がこれほどによくなっていることを知《し》る人《ひと》は少《すく》ない。むしろどんどん悪《わる》くなっていると思《おも》っている人《ひと》たちが大半《たいはん》だ。

なぜこんな誤解《ごかい》が生《しょう》じるのか。その最大《さいだい》の理由《りゆう》は、やはりマスメディアの報道《ほうどう》だ。昔《むかし》に比《くら》べれば、殺人事件《さつじんじけん》などをとても大《おお》きく報道《ほうどう》する傾向《けいこう》が、今《いま》はとても強《つよ》くなっている。件数《けんすう》は減《へ》っているけれど扱《あつか》いが大《おお》きいから、社会《しゃかい》はより強《つよ》く反応《はんのう》する。反対《はんたい》に、これほどに治安《ちあん》がよくなっているという情報《じょうほう》を、メディアはなかなか報《ほう》じない。くり返《かえ》すけど、不安《ふあん》や恐怖《きょうふ》を煽《あお》ったほうが、テレビの視聴率《しちょうりつ》も、新聞《しんぶん》・雑誌《ざっし》の部数《ぶすう》も伸《の》びるからだ。

ある意味《いみ》で仕方《しかた》がない。だってテレビ局《きょく》も新聞社《しんぶんしゃ》も出版社《しゅっぱんしゃ》も、その多《おお》くは株式会社《かぶしきがいしゃ》で営利企業《えいりきぎょう》だ。利益《りえき》を出《だ》すことで自分《じぶん》たちの仕事《しごと》を続《つづ》けられるし、社員《しゃいん》たちの生活《せいかつ》を守《まも》ることもできる。だから視聴者《しちょうしゃ》や読者《どくしゃ》に合《あ》わせようとする傾向《けいこう》が強《つよ》くなる。その結《けつ》

殺人事件の認知件数

「犯罪白書」(法務省)をもとに作成

果《か》として、その国《くに》のメディアにはその国《くに》の社会《しゃかい》がとても色濃《いろこ》く反映《はんえい》される。合《あ》わせ鏡《かがみ》だ。だから「マスゴミ」という言葉《ことば》を使《つか》う人《ひと》に僕《ぼく》は言《い》いたい。確《たし》かに今《いま》のこの国《くに》のメディアはゴミのレベルかもしれない。でも仮《かり》にそうであるならば、あなたも含《ふく》めてこの社会《しゃかい》のレベルがゴミなのだと。

おばけ屋敷はなぜ怖い？

ここであなたに質問《しつもん》。

Q　警察官《けいさつかん》や防犯《ぼうはん》カメラが増《ふ》え、いたるところに「特別警戒中《とくべつけいかいちゅう》」や「テロ警戒中《けいかいちゅう》」などのポスターが貼《は》られている環境《かんきょう》で、人《ひと》は安心《あんしん》して生活《せいかつ》できるだろうか？

答《こた》えはむしろ逆《ぎゃく》。人《ひと》の心理《しんり》はそれほど単純《たんじゅん》ではない。不安《ふあん》や恐怖《きょうふ》はますます大《おお》きくなり、人々《ひとびと》はより強《つよ》い管理《かんり》や統制《とうせい》を願《ねが》うようになる。なぜなら敵《てき》が見《み》えないからだ。

遊園地《ゆうえんち》のおばけ屋敷《やしき》にいるおばけたちは、顔《かお》にメイクしたアルバイトとか、電気仕掛《でんきじか》けの人形《にんぎょう》がほとんどだ。でもそうわかってはいても、中《なか》に入《はい》るとやっぱり怖《こわ》い。

僕《ぼく》もそうだ。中《なか》に入《はい》ると、やっぱりちょっとドキドキする。そこで考《かんが》えた。いったい僕《ぼく》は何《なに》が怖《こわ》いのだろう。何《なに》におびえているのだろう。そしてようやく気《き》がついた。

おばけ屋敷《やしき》で怖《こわ》いのは、おばけそのものではなくて、暗《くら》い通路《つうろ》なのだ。だっておばけ屋敷《やしき》の通路《つうろ》は、いつ、どこから、何《なに》が出《で》てくるかわからない。もしも、この通路《つうろ》の角《かど》に人形《にんぎょう》が立《た》っているとか、次《つぎ》の角《かど》にはメイクしたアルバイトが隠《かく》れているとわかっていたら、怖《こわ》さは圧倒的《あっとうてき》に少《すく》なくなるはずだ。

わからないから怖《こわ》い。見《み》えないからおびえる。人《ひと》はそういう生《い》きものだ。だから暗《くら》闇《やみ》が怖《こわ》い。夜《よる》の森《もり》も、夜《よる》の海《うみ》も、とても怖《こわ》い。一人で歩《ある》いたり泳《およ》いだりすることなど、とてもじゃないができそうもない。

だからその怖《こわ》さをなくすために、人《ひと》はまず、集団《しゅうだん》でまとまろうとする。一人ならば怖《こわ》いけれど、たくさん仲間《なかま》がいれば心強《こころづよ》い。そして次《つぎ》に、暗《くら》いところすべてに光《ひかり》を当《あ》てて、どこかに潜《ひそ》んでいる悪《わる》くて危険《きけん》な何《なに》かを見《み》つけようとする。

でも実際《じっさい》には、凶悪《きょうあく》な犯罪《はんざい》は増《ふ》えてなどいない。つまり暗《くら》いところすべてに光《ひかり》を当《あ》てても、悪《わる》くて危険《きけん》な何《なに》かを見《み》つけることはなかなかできない。ならば安心《あんしん》できるのか。そうはならない。多《おお》くの人《ひと》は治安《ちあん》が悪化《あっか》していると思《おも》い込《こ》んでいる。だから悪《わる》くて危険《きけん》な何《なに》かが見《み》つからなければ、ますます不安《ふあん》になってしまう。

安心《あんしん》したい。でも敵《てき》は見《み》つからない。このとき人《ひと》は無意識《むいしき》に、悪《あく》なる存在《そんざい》を「作《つく》り出《だ》して」しまう。これを「仮想敵《かそうてき》」という。たとえば知《し》らない人《ひと》。言葉《ことば》が違《ちが》う人《ひと》。肌《はだ》や髪《かみ》の色《いろ》が違《ちが》う人《ひと》。あるいは自分《じぶん》たちの法《ほう》やルールを守《まも》らない人《ひと》。つまり犯罪者《はんざいしゃ》だ。

無罪を訴える人々

死刑囚《しけいしゅう》はどのような人《ひと》たちなのか、どのように処刑《しょけい》されているのか、そうした情報《じょうほう》を多《おお》くの人《ひと》たちが持《も》てば、死刑制度《しけいせいど》について違《ちが》う見方《みかた》ができるかもしれない。

死刑廃止《しけいはいし》を主張《しゅちょう》する人《ひと》の多《おお》くは、死刑《しけい》を廃止《はいし》せねばならない理由《りゆう》の一つに、実際《じっさい》には犯人《はんにん》ではない人《ひと》が裁《さば》かれて死刑《しけい》になることを挙《あ》げる。たとえば一九八〇年代《ねんだい》、裁判《さいばん》で死刑《しけい》が確定《かくてい》したあとも無罪《むざい》を訴《うった》える人《ひと》をもう一度《いちど》調《しら》べた（これを再審《さいしん》という）とき、実際《じっさい》には加害者《かがいしゃ》ではなかった（冤罪《えんざい》だった）ことが判明《はんめい》するケースが四件《けん》も相次《あいつ》いだ。

もちろん四人《にん》は自由《じゆう》になったけれど、もしも再審《さいしん》が認《みと》められていなければ、ほぼまちがいなく今《いま》ごろは処刑《しょけい》されていただろう。そして今《いま》も、冤罪《えんざい》であることを訴《うった》える確《かく》定死刑囚《ていしけいしゅう》は少《すく》なくない。でも裁判所《さいばんしょ》は四件《けん》の再審無罪以降《さいしんむざいいこう》、死刑判決《しけいはんけつ》の再審《さいしん》を一度《いちど》も認《みと》めていない。

立《た》て続《つづ》けに四件《けん》も誤判《ごはん》が明《あき》らかになったと聞《き》いて、あなたはどう思《おも》う？　積極的《せっきょくてき》に他《ほか》の判決《はんけつ》についても調《しら》べるべきだと普通《ふつう》は思《おも》うはずだ。でも現実《げんじつ》は逆《ぎゃく》に動《うご》いた。死刑《しけい》囚《しゅう》が再審《さいしん》で冤罪《えんざい》だったことが明《あき》らかになれば、法務省《ほうむしょう》にとっては大《おお》きな責任問題《せきにんもんだい》になるからだろう。国民《こくみん》の司法《しほう》への信頼《しんらい》だって揺《ゆ》らぐ。組織《そしき》としては大《おお》きなダメージだ。

そんなことでいいのだろうか。組織《そしき》の論理《ろんり》を優先《ゆうせん》して人《ひと》の命《いのち》を奪《うば》うなんて、絶対《ぜったい》にあってはならないはずだ。

そうした主張《しゅちょう》に対《たい》して、以下《いか》のように反論《はんろん》する人《ひと》もいる。裁判《さいばん》のまちがいは死刑判《しけいはん》決《けつ》だけにかぎらない。誤判《ごはん》や冤罪《えんざい》を理由《りゆう》にするならば、すべての裁判《さいばん》は成《な》り立《た》たなくなる。だから、誤判《ごはん》や冤罪《えんざい》の可能性《かのうせい》を理由《りゆう》に死刑廃止《しけいはいし》を主張《しゅちょう》すべきではない。確《たし》かに一理《いちり》ある。でも一理《いちり》でしかない。だって失《うしな》われた人《ひと》の命《いのち》は二度《にど》と戻《もど》らない。懲役《ちょうえき》や禁《きん》錮《こ》などの自由刑《じゆうけい》なら、誤判《ごはん》や冤罪《えんざい》が明《あき》らかになってから、金銭《きんせん》などである程度《ていど》の補償《ほしょう》がなされる。2章《しょう》で書《か》いた足利事件《あしかがじけん》で無期懲役《むきちょうえき》の刑《けい》を受《う》け、一七年半《ねんはん》も拘束《こうそく》された菅《すが》家《や》さんに対《たい》しては、冤罪《えんざい》が明《あき》らかになって釈放《しゃくほう》されてから、刑事補償金《けいじほしょうきん》として約《やく》八〇〇〇万円《まんえん》が支払《しはら》われた。金額《きんがく》が充分《じゅうぶん》か不充分《ふじゅうぶん》かはともかくとして、菅家《すがや》さんは今《いま》、第《だい》二の人生《じんせい》を歩《あゆ》んでいる。でもそれも、無期懲役《むきちょうえき》だからできたこと。もしも死刑判決《しけいはんけつ》だったら、菅家《すがや》さんはとっくに処刑《しょけい》されていたはずだ。もしもそうなっていたら、取《と》り返《かえ》しがつかない。

だからこそこれまで、（死刑判決《しけいはんけつ》を不服《ふふく》として）再審請求中《さいしんせいきゅうちゅう》の死刑囚《しけいしゅう》に対《たい》しては、刑《けい》を執行《しっこう》しないことが慣例《かんれい》だった。ところが厳罰化《げんばつか》の流《なが》れの中《なか》で二〇一七年以降《ねんいこう》は、再《さい》審請求中《しんせいきゅうちゅう》なのに、刑《けい》が執行《しっこう》されるケースが増《ふ》えている。

　書《か》きながらため息《いき》をつきたくなる。死刑制度《しけいせいど》に関《かん》してこの国《くに》は、あらゆる動《うご》きがより悪《わる》い方向《ほうこう》に進《すす》んでいる。

死刑囚と話したこと

　二〇〇八年《ねん》、僕《ぼく》は『死刑《しけい》』という本《ほん》を書《か》いた。きっかけは死刑囚《しけいしゅう》に面会《めんかい》したことだった。面会室《めんかいしつ》の透明《とうめい》なアクリル板《ばん》の向《む》こう側《がわ》で、彼《かれ》はいつもにこにこと微笑《ほほえ》んでいた。凶《きょう》暴《ぼう》な気配《けはい》などいっさいない。

　初《はじ》めて会《あ》った死刑囚《しけいしゅう》と話《はな》しながら不思議《ふしぎ》だった。確《たし》かに彼《かれ》は人《ひと》を殺《ころ》した。その罰《ばつ》として、いずれ殺《ころ》される。でも今《いま》は、僕《ぼく》の目《め》の前《まえ》でにこにこと笑《わら》っている。自分《じぶん》は死刑《しけい》になって当然《とうぜん》ですと言《い》う。被害者《ひがいしゃ》や遺族《いぞく》の話《はなし》になれば、本当《ほんとう》に申《もう》し訳《わけ》ないことをしたと涙《なみだ》ぐむ。

彼《かれ》だけでなく他《ほか》の死刑囚《しけいしゅう》にも会《あ》うたびに、この不思議《ふしぎ》な思《おも》いはもっと強《つよ》くなった。人《ひと》は誰《だれ》もが死《し》ぬ。事故《じこ》や病気《びょうき》で。寿命《じゅみょう》で。例外《れいがい》はない。でも彼《かれ》らは死《し》ぬのではなく、殺《ころ》されることが決《き》められた人《ひと》たちなのだ。それがよくわからない。理解《りかい》できない。気持《きも》ちが落《お》ち着《つ》かない。そして気《き》がついた。不思議《ふしぎ》な気持《きも》ちになってしまう理由《りゆう》は、僕《ぼく》が死刑《しけい》について、ちゃんとわかっていないからだということを。

だから死刑《しけい》を調《しら》べる過程《かてい》を本《ほん》にした。死刑制度《しけいせいど》や執行《しっこう》に関《かか》わる多《おお》くの人《ひと》に話《はなし》を聞《き》いた。死刑囚《しけいしゅう》を吊《つる》すロープを支《ささ》えた拘置所《こうちしょ》の元刑務官《もとけいむかん》。死刑囚《しけいしゅう》を何人《なんにん》も見送《みおく》った教誨師《きょうかいし》。執行《しっこう》に立《た》ち会《あ》った元検察官《もとけんさつかん》。死刑囚《しけいしゅう》を担当《たんとう》した弁護士《べんごし》。犯人《はんにん》を死刑《しけい》にしてほしいと願《ねが》う被害者遺族《ひがいしゃいぞく》。再審《さいしん》で無罪《むざい》が証明《しょうめい》された元死刑囚《もとしけいしゅう》。明《あき》らかな冤罪《えんざい》で友人《ゆうじん》が処刑《しょけい》された人《ひと》。光市母子殺害事件《ひかりしぼしさつがいじけん》の加害者《かがいしゃ》である元少年《もとしょうねん》。オウムの死刑囚《しけいしゅう》たち。死刑廃止運動《しけいはいしうんどう》をする人《ひと》。死刑《しけい》は必要《ひつよう》だと主張《しゅちょう》する人《ひと》。できるだけ多《おお》くの人《ひと》に会《あ》った。話《はなし》を聞《き》いた。

これを読《よ》んでいるあなたが今《いま》、死刑《しけい》についてどのように考《かんが》えているのか僕《ぼく》にはわからない。死刑《しけい》はあって当然《とうぜん》だと思《おも》っているかもしれないし、廃止《はいし》すべきと思《おも》っているかもしれない。あるいはどちらともはっきり決《き》められないでいるかもしれない。

僕《ぼく》が出会《であ》った多《おお》くの関係者《かんけいしゃ》も、とりあえずは廃止《はいし》とか存置《そんち》とかを口《くち》にするけれど、でもよくよく話《はなし》を聞《き》いているうちに、いろいろ迷《まよ》ったり悩《なや》んだりしていることを打《う》ち明《あ》けてくれた。過去《かこ》だけではなく今現在《いまげんざい》も、彼《かれ》らは悩《なや》み続《つづ》けている。

はっきりと結論《けつろん》を出《だ》しづらいことは、世《よ》の中《なか》にたくさんある。死刑《しけい》を廃止《はいし》した多《おお》くの国《くに》においても、いまだに四割《わり》の人《ひと》が死刑《しけい》を復活《ふっかつ》すべきと主張《しゅちょう》しているとのデータが示《しめ》すように、どうやら死刑《しけい》という制度《せいど》は、人《ひと》の気持《きも》ちを二つに分《わ》けてしまうという傾《けい》向《こう》があるようだ。

一人の人《ひと》の中《なか》でも、存置《そんち》か廃止《はいし》かで揺《ゆ》れ動《うご》くことはとても多《おお》い。

だからもし今《いま》あなたが、なかなか明確《めいかく》な結論《けつろん》を出《だ》すことができなくても、まったく焦《あせ》ることはない。それが普通《ふつう》なんだ。じっくり考《かんが》えよう。

でも同時《どうじ》に、今現在《いまげんざい》も死刑《しけい》という制度《せいど》はこの国《くに》に存在《そんざい》し、時《とき》には大量執行《たいりょうしっこう》されることもあるという現状《げんじょう》を考《かんが》えたとき、いつまでも結論《けつろん》を先延《さきの》ばしにはできない。

死刑《しけい》は必要《ひつよう》だという人《ひと》は、「（加害者《かがいしゃ》の）命《いのち》をもって罪《つみ》を償《つぐな》わせろ」と言《い》う。そして死刑《しけい》は必要《ひつよう》ないという人《ひと》は、「（加害者《かがいしゃ》を）生《い》かして罪《つみ》を償《つぐな》わせるべき」と主張《しゅちょう》する。ならば僕《ぼく》はこう言《い》いたい。どちらもまちがっている。

なぜなら、人の命は戻らない。

もしもあなたが人《ひと》の命《いのち》を奪《うば》ったのなら、何《なに》をしても、どうやっても、絶対《ぜったい》に償《つぐな》うことなどできないのだ。物《もの》を盗《ぬす》んだりしたのなら、償《つぐな》うことは可能《かのう》かもしれない。でも人《ひと》をもし殺《ころ》したのなら、もう償《つぐな》いなどありえない。どんなに悔《く》いたとしても、自分《じぶん》の命《いのち》を差《さ》し出《だ》したとしても、殺《ころ》された人《ひと》はもう戻《もど》らない。絶対《ぜったい》に償《つぐな》えないのだ。だから人《ひと》は人《ひと》を殺《ころ》してはいけない。どんな理由《りゆう》があろうとも。まずはここから考《かんが》えてほしい。

被害者の身になるとは？

『死刑《しけい》』という本《ほん》を出版《しゅっぱん》したあと、死刑《しけい》をテーマにしたシンポジウムや講演会《こうえんかい》に呼《よ》ばれることが多《おお》くなった。そこで「あなたは死刑《しけい》を廃止《はいし》せよと主張《しゅちょう》しているようだが、自分《じぶん》の家族《かぞく》がもし誰《だれ》かに殺《ころ》されたなら、仇《かたき》を討《う》ちたいとは思《おも》わないのか？」と時《とき》おり質問《しつもん》される。あるいは「被害者《ひがいしゃ》の身《み》になってみろ！」と大声《おおごえ》で言《い》う人《ひと》もいる。

そういうとき、僕《ぼく》はこんなふうに答《こた》える。

「被害者遺族《ひがいしゃいぞく》の身《み》になってみろと言《い》うあなたは、本当《ほんとう》に被害者遺族《ひがいしゃいぞく》の身《み》になれるのですか？　自分《じぶん》が心《こころ》から愛《あい》する人《ひと》が殺《ころ》されてこの世界《せかい》から消《き》えてしまったその状況《じょうきょう》を、あなたは本当《ほんとう》に、自分《じぶん》がリアルに想像《そうぞう》できていると思《おも》いますか？」

僕《ぼく》の問《と》いに対《たい》して、「当《あ》たり前《まえ》じゃないか」と言《い》い返《かえ》す人《ひと》もいれば、黙《だま》り込《こ》んでしまう人《ひと》もいる。

被害者《ひがいしゃ》やその遺族《いぞく》のつらさや苦《くる》しさ、怒《いか》りや寂《さび》しさを想像《そうぞう》することは大切《たいせつ》だ。でも同時《どうじ》に、その想像力《そうぞうりょく》には限界《げんかい》があると気《き》づくことも大切《たいせつ》だ。あなたは被害者《ひがいしゃ》や遺族自《いぞくじ》身《しん》ではないのだから。一〇〇パーセント同《おな》じ気持《きも》ちにはなれない。もしそう思《おも》うのなら、それはそう思《おも》い込《こ》んでいるだけなのだ。

そのうえで考《かんが》える。もしも僕《ぼく》の家族《かぞく》が誰《だれ》かに殺《ころ》されたら、僕《ぼく》はその誰《だれ》かを死《し》ぬほど憎《にく》み、殺《ころ》してやりたいと思《おも》うかもしれない。死刑《しけい》にしてほしいと願《ねが》うかもしれない。それはとても当《あ》たり前《まえ》の感情《かんじょう》だ。遺族《いぞく》が犯人《はんにん》を死刑《しけい》にしてほしいと思《おも》う気持《きも》ちは、誰《だれ》も責《せ》めることはできない。でも同時《どうじ》に考《かんが》えてほしい。今《いま》の自分《じぶん》は遺族《いぞく》ではないのだと。

光市母子殺害事件《ひかりしぼしさつがいじけん》の差《さ》し戻《もど》し公判《こうはん》のとき、裁判所《さいばんしょ》の周囲《しゅうい》で死刑判決《しけいはんけつ》を聞《き》いて手《て》を叩《たた》きながら歓声《かんせい》をあげた人《ひと》たちは、被害者遺族《ひがいしゃいぞく》である本村洋《もとむらひろし》さんの心情《しんじょう》のうわべだけに同調《どうちょう》しているからこそ、手《て》を叩《たた》いたり歓声《かんせい》をあげたりできたのだと僕《ぼく》は思《おも》う。

だって本村《もとむら》さん自身《じしん》は、絶対《ぜったい》に手《て》を叩《たた》いたり歓声《かんせい》をあげたりはしない。できるはずがない。愛《あい》する人《ひと》をいきなり理不尽《りふじん》に失《うしな》ったつらさと苦《くる》しさと寂《さび》しさ。それは地面《じめん》にぽっかりと口《くち》を開《あ》けた巨大《きょだい》な穴《あな》のようで、もとのように埋《う》めることなど絶対《ぜったい》にできない。想像《そうぞう》してみることはできる。でも逆《ぎゃく》に言《い》えば、その程度《ていど》の想像《そうぞう》しかできない。本村《もとむら》さんが抱《いだ》く深《ふか》い絶望《ぜつぼう》や悲《かな》しみを、まったく同《おな》じように共有《きょうゆう》することなど、他者《たしゃ》である僕《ぼく》にはどうあがいてもできないのだ。

多《おお》くの被害者遺族《ひがいしゃいぞく》に僕《ぼく》は会《あ》った。話《はなし》を聞《き》いた。加害者《かがいしゃ》への怒《いか》りや憎《にく》しみは強《つよ》い。当《あ》たり前《まえ》だ。でもそれだけじゃない。ずっとそばにいることが当《あ》たり前《まえ》だった人《ひと》が、もういない。世界《せかい》から消《き》えた。その苦《くる》しさと寂《さび》しさ。虚無《きょむ》と喪失感《そうしつかん》。僕《ぼく》はそれを想像《そうぞう》する。でも想像《そうぞう》だ。完全《かんぜん》には共有《きょうゆう》できない。できるはずがない。

そう思《おも》いながら、僕《ぼく》は被害者《ひがいしゃ》や遺族《いぞく》の話《はなし》を聞《き》く。彼《かれ》らは自分《じぶん》を責《せ》める。あのときに声《こえ》をかければよかった。あのときのメールで気《き》づけばよかった。今《いま》になってそう考《かんが》えて、愛《あい》する人《ひと》を守《まも》れなかった自分《じぶん》を責《せ》める。でもメディアは遺族《いぞく》が持《も》つ感情《かんじょう》の表層《ひょうそう》ばかりを強調《きょうちょう》する。メディアによって、怒《いか》りや憎《にく》しみばかりが拡散《かくさん》される。

それを見《み》た多《おお》くの人《ひと》たちは、会《あ》ったことも見《み》たこともない加害者《かがいしゃ》への怒《いか》りや憎《にく》しみを、(まるで自分自身《じぶんじしん》の怒《いか》りや憎《にく》しみであるかのように)強《つよ》く持《も》ち、治安《ちあん》が悪化《あっか》しているとの幻想《げんそう》がそこに重《かさ》なる。

その結果《けっか》として、先進国《せんしんこく》では珍《めずら》しいほど多《おお》くの人《ひと》が死刑《しけい》を支持《しじ》する、今《いま》のこの国《くに》の世相《せそう》ができあがった。

抑止力と応報感情

かつて死刑制度《しけいせいど》が持《も》つ最大《さいだい》の意味《いみ》は、犯罪抑止効果《はんざいよくしこうか》と考《かんが》えられてきた。つまり見《み》せしめだ。でもくり返すけれど、死刑《しけい》を実際《じっさい》に廃止《はいし》した国《くに》の統計《とうけい》からは、廃止後《はいしご》に凶悪《きょうあく》犯罪《はんざい》が増《ふ》えたという統計《とうけい》はほとんどない。ヨーロッパではもっとも遅《おそ》く(一九八一年《ねん》)死刑《しけい》を廃止《はいし》したフランスの場合《ばあい》も、死刑廃止前《しけいはいしまえ》と後《あと》で殺人発生率《さつじんはっせいりつ》に大《おお》きな変化《へんか》は認《みと》められなかった。人口構成比《じんこうこうせいひ》などがよく似《に》た社会《しゃかい》と言《い》われるアメリカとカナダを比《くら》べても、一九七六年《ねん》に死刑《しけい》を廃止《はいし》したカナダのほうが、アメリカより圧倒的《あっとうてき》に殺人発生率《さつじんはっせいりつ》

は低《ひく》い。そのアメリカにおいて死刑《しけい》を廃止《はいし》した州《しゅう》と廃止《はいし》していない州《しゅう》を比《くら》べても、殺《さつ》人事件《じんじけん》の発生率《はっせいりつ》に大《おお》きな偏《かたよ》りはない。

つまり死刑《しけい》には犯罪抑止効果《はんざいよくしこうか》はほとんどない。これは社会学的《しゃかいがくてき》にはコモンセンス（共《きょう》通認識《つうにんしき》、あるいは常識《じょうしき》）と言《い》っていい。ならば、死刑《しけい》が必要《ひつよう》であるための理由《りゆう》が一つ消《き》える。

死刑《しけい》は必要《ひつよう》だという人《ひと》たちの多《おお》くは、もう一つの理由《りゆう》として、遺族《いぞく》の応報感情《おうほうかんじょう》（仇《かたき》を討《う》ちたいとの気持《きも》ち）を晴《は》らすために必要《ひつよう》なのだと主張《しゅちょう》する。

でも遺族《いぞく》の応報感情《おうほうかんじょう》に応《こた》えるために死刑《しけい》があるならば、密室《みっしつ》で執行《しっこう》すべきではないし、今《いま》のやり方《かた》も変《か》えねばならない。現状《げんじょう》において被害者数《ひがいしゃすう》が一人だけの場合《ばあい》には死《し》刑判決《けいはんけつ》は下《くだ》されないことが多《おお》いが（一応《いちおう》の基準《きじゅん》としては三人以上《にんいじょう》とされてきた）、被害《ひがい》者遺族《しゃいぞく》の気持《きも》ちを最優先《さいゆうせん》するならば、被害者《ひがいしゃ》が一人でも加害者《かがいしゃ》はすぐに処刑《しょけい》されるべきだろう。遺族《いぞく》の求《もと》めに応《おう》じた執行方法《しっこうほうほう》をとるべきだし、遺族《いぞく》が死刑《しけい》を求《もと》めない場合《ばあい》は（実際《じっさい》にそういう遺族《いぞく》も少《すく》なくない）、遺族《いぞく》の応報感情《おうほうかんじょう》に合《あ》わせて、死刑以外《しけいいがい》の（もっと軽《かる》い）刑罰《けいばつ》を与《あた》えるべきだ。

ただし、それが実現《じつげん》したとき、この国《くに》の罪刑法定主義《ざいけいほうていしゅぎ》は崩壊《ほうかい》する。遺族《いぞく》の感情《かんじょう》によって与《あた》える罰《ばつ》が変《か》わるのなら、この国《くに》は近代司法国家《きんだいしほうこっか》としての看板《かんばん》を外《はず》さなければならなくなる。罪刑法定主義《ざいけいほうていしゅぎ》が崩《くず》れるなら、かつて権力者《けんりょくしゃ》たちが自分《じぶん》の都合《つごう》のよいように罰《ばっ》を決《き》めていた時代《じだい》に戻《もど》ってしまうことを、僕《ぼく》たちは覚悟《かくご》せねばならない。

死刑《しけい》とはこれほどに矛盾《むじゅん》に満《み》ちた制度《せいど》だ。

実際《じっさい》に死刑《しけい》を執行《しっこう》する拘置所《こうちしょ》の刑務官《けいむかん》たちは、複数《ふくすう》のスイッチをいっせいに押《お》す。たとえ裁判《さいばん》で死刑《しけい》が確定《かくてい》した罪人《ざいにん》とはいえ、人《ひと》は人《ひと》を簡単《かんたん》には殺《ころ》せない。絶対《ぜったい》に罪《つみ》の意《い》識《しき》が生《う》まれてしまう。だから複数《ふくすう》のスイッチなのだ。でもスイッチが五つあったとしても、罪《つみ》の意識《いしき》はゼロにはならない。五分《ぶん》の一になるだけだ。たとえ五分《ぶん》の一になったとしても、誰《だれ》かの生命《せいめい》を自分《じぶん》が奪《うば》ったかもしれないという罪悪感《ざいあくかん》は強《つよ》い。その後《ご》に精神《せいしん》を病《や》んでしまう刑務官《けいむかん》も少《すく》なくない。

もしもあなたが死刑《しけい》はあって当《あ》たり前《まえ》だと思《おも》うのなら、このスイッチを刑務官《けいむかん》にばかり押《お》しつけないで、あなたも押《お》すべきなのだ。

まとめよう。

死刑《しけい》は必要《ひつよう》だと主張《しゅちょう》する人《ひと》は、「死刑《しけい》がなくなれば凶悪《きょうあく》な犯罪《はんざい》が増《ふ》える」ということと、「被害者遺族《ひがいしゃいぞく》の仇《かたき》を討《う》ちたいとの気持《きも》ちに応《こた》えねばならない」の二つを理由《りゆう》に挙《あ》げる。

でも死刑《しけい》がなければ凶悪《きょうあく》な犯罪《はんざい》が増《ふ》えるとの説《せつ》は、何度《なんど》も書《か》くけど世界《せかい》レベルでも証明《しょうめい》されていない。それどころか最近《さいきん》は、死刑《しけい》になりたいとの理由《りゆう》で、人《ひと》を殺《ころ》す人《ひと》も増《ふ》えている。

被害者遺族《ひがいしゃいぞく》の仇《かたき》を討《う》ちたいとの気持《きも》ちに応《こた》えるために死刑《しけい》があるとするならば、遺《い》族《ぞく》が死刑《しけい》を望《のぞ》まない場合《ばあい》は、死刑《しけい》の次《つぎ》に重《おも》い刑罰《けいばつ》である無期懲役《むきちょうえき》にするべきだ。さらに、もしも殺《ころ》された人《ひと》に遺族《いぞく》がいないのなら、罰《ばつ》はさらに軽《かる》くなるはずだ。でもその瞬間《しゅんかん》、命《いのち》の価値《かち》は家族《かぞく》がいるかいないかなどの環境《かんきょう》によってくるくると変《か》わることになり、日本《にほん》は罪刑法定主義《ざいけいほうていしゅぎ》という近代司法国家《きんだいしほうこっか》の大原則《だいげんそく》を放棄《ほうき》することになる。

命と死刑

一方《いっぽう》、死刑《しけい》を廃止《はいし》すべきと主張《しゅちょう》する人《ひと》は、その理由《りゆう》をどのように説明《せつめい》するのだろう。

まずは冤罪《えんざい》だ。

死刑《しけい》が確定《かくてい》したあとに新《あたら》しい証拠《しょうこ》や証言《しょうげん》が発見《はっけん》されて、冤罪《えんざい》であることはほぼまちがいないと推測《すいそく》されるのに、裁判所《さいばんしょ》が再審《さいしん》を認《みと》めないため、いまだに死刑囚《しけいしゅう》のままの人《ひと》は数多《かずおお》い。四七年《ねん》七カ月《げつ》も収監《しゅうかん》され、確定死刑囚《かくていしけいしゅう》として四〇年《ねん》生《い》きてきた袴田巌《はかまだいわお》さんは、二〇一四年《ねん》に再審請求《さいしんせいきゅう》がいったん認《みと》められて釈放《しゃくほう》されたが、四年後《ねんご》に高裁《こうさい》で再《さい》審請求《しんせいきゅう》が棄却《ききゃく》されて、現在《げんざい》も審理継続中《しんりけいぞくちゅう》だ（まだ無罪《むざい》と決《き》まったわけではない）。一九六一年《ねん》に五人殺害《にんさつがい》の罪《つみ》で逮捕《たいほ》された奥西勝《おくにしまさる》さんは、確定死刑囚《かくていしけいしゅう》のまま、二〇一五年《ねん》に八九歳《さい》で獄中死《ごくちゅうし》したけれど、無罪《むざい》を主張《しゅちょう》している遺族《いぞく》は、現在《げんざい》も再審《さいしん》を請求《せいきゅう》している

（いずれも二〇二一年時点《ねんじてん》）。

いったんは死刑《しけい》が確定《かくてい》しながら再審《さいしん》で無罪《むざい》が証明《しょうめい》されて社会《しゃかい》に復帰《ふっき》した免田栄《めんださかえ》さんは、「何十人《なんにん》もの（死刑執行《しけいしっこう》のために刑場《けいじょう》に連《つ》れていかれる）死刑囚《しけいしゅう》を見送《みおく》ったけれど、死《し》ぬまで冤罪《えんざい》を主張《しゅちょう》し続けた人《ひと》はたくさんいた。彼《かれ》らが嘘《うそ》を言《い》っていたとは自分《じぶん》には思《おも》えない」と僕《ぼく》に語《かた》ってくれた。

何《なに》よりも、抵抗《ていこう》できない人《ひと》の命《いのち》を、どんなときにでも、いかなる理由《りゆう》があったとしても、故意《こい》に奪《うば》ってはいけないと僕《ぼく》は思《おも》う。

他《ほか》にもこれまで書《か》いてきたように、死刑《しけい》を廃止《はいし》して犯罪《はんざい》が増《ふ》えるというデータはないし、絞首刑《こうしゅけい》の残虐《ざんぎゃく》さを指摘《してき》する人《ひと》もいる。

あとはあなたの問題《もんだい》。僕《ぼく》は命《いのち》を、この世界《せかい》で何《なに》よりも大切《たいせつ》なものと考《かんが》える。だから死刑《しけい》はあってはならないと結論《けつろん》を出《だ》した。でももしかしたらあなたは、命《いのち》をそれほどに大切《たいせつ》なものと思《おも》っていないかもしれない。ならば死刑《しけい》についての見方《みかた》も、きっと僕《ぼく》とは違《ちが》うはずだ。

それを僕《ぼく》は否定《ひてい》しない。世《よ》の中《なか》にはいろいろな考《かんが》え方《かた》がある。でも少《すく》なくとも、「その大切《たいせつ》な命《いのち》を奪《うば》ったのだから死刑《しけい》になって当然《とうぜん》だ」式《しき》の、浅《あさ》いレベルで考《かんが》えてほしくない。

だって、殺人事件《さつじんじけん》と死刑《しけい》とは時制《じせい》が違《ちが》う。殺人事件《さつじんじけん》は過去《かこ》に起《お》きたこと。でも死刑《しけい》は現在《げんざい》と未来《みらい》に起《お》きること。もしも今《いま》この瞬間《しゅんかん》、僕《ぼく》の目《め》の前《まえ》で殺人事件《さつじんじけん》が起《お》きようとしているのなら、僕《ぼく》は（当然《とうぜん》だけど）見《み》て見《み》ぬふりはしない。止《と》められるものなら必《ひっ》死《し》で止《と》めるはずだ。

だから今《いま》、目《め》の前《まえ》で抵抗《ていこう》できない人《ひと》が殺《ころ》されているのなら、これから殺《ころ》されるのなら、僕《ぼく》はそれをどうにかして止《と》めたいと思《おも》う。それは死刑《しけい》も同《おな》じだ。

……そろそろこの本《ほん》も終盤《しゅうばん》だ。あなたに告白《こくはく》するけれど、この本《ほん》で僕《ぼく》は、自分《じぶん》の考《かんが》えをあなたに押《お》しつけすぎてはいないだろうかと、書《か》きながらずっと気《き》になっている。

これは僕《ぼく》の意見《いけん》。つまり僕《ぼく》の視点《してん》。立場《たちば》が違《ちが》う人《ひと》は、きっとまた別《べつ》の視点《してん》を持《も》ち、別《べつ》

まとめ

どれだけ知《し》ってる？
死刑制度《しけいせいど》

■☞死刑制度《しけいせいど》がどのようなものか、具体的《ぐたいてき》にほとんど知《し》られていない。公開《こうかい》される情報《じょうほう》が非常《ひじょう》に少《すく》ない。

■☞冤罪《えんざい》がある。近年《きんねん》は再審請求《さいしんせいきゅう》（審理《しんり》やり直《なお》しの申《もう》し立《た》て）中《ちゅう》の死刑囚《しけいしゅう》に対《たい》しても、刑《けい》を執行《しっこう》することが増《ふ》えている。

■☞死刑《しけい》は、犯罪防止《はんざいぼうし》としてほとんど役《やく》に立《た》っていない。むしろ死刑《しけい》を望《のぞ》んでの無差別殺人事件《むさべつさつじんじけん》が多《おお》く報《ほう》じられている。

■☞世界的《せかいてき》には死刑《しけい》を執行《しっこう》する国《くに》は少数派《しょうすうは》。廃止《はいし》する国《くに》が年々《ねんねん》増《ふ》えている。

■☞日本《にほん》では８割《わり》の国民《こくみん》が死刑制度《しけいせいど》を残《のこ》すべきだと考《かんが》えている。

の意見《いけん》を持《も》っている。特《とく》に死刑《しけい》という制度《せいど》は、単純《たんじゅん》な形《かたち》をしていないから、どこから見《み》るかでまったく違《ちが》うものになる。

自分《じぶん》の視点《してん》をごまかすことはできない。薄《うす》めることもしたくない。僕《ぼく》は思《おも》いきり自分《ぶん》の意見《いけん》を書《か》いた。もう一度《いちど》書《か》くけれど、あとはあなたが考《かんが》えること。僕《ぼく》だけではなく、いろんな人《ひと》の意見《いけん》や視点《してん》を知《し》ったとき、死刑《しけい》という制度《せいど》は、きっとあなたにとって、今《いま》よりはずっと立体的《りったいてき》なものになっているはずだ。

僕《ぼく》は今《いま》、新幹線《しんかんせん》のホームのベンチで、この原稿《げんこう》を書《か》いている。多《おお》くの人《ひと》たちが目《め》の前《まえ》を行《ゆ》き過《す》ぎる。若《わか》い人《ひと》。年配《ねんぱい》の人《ひと》。小《ちい》さな子《こ》どもを抱《だ》いた母親《ははおや》。背広《せびろ》を着《き》たサラリーマン。彼《かれ》らはみな、僕《ぼく》とは縁《えん》もゆかりもない人《ひと》たちだ。

ある意味《いみ》ではそうだ。みな他人《たにん》。でも別《べつ》の意味《いみ》ではそうじゃない。

あなたのお父《とう》さんとお母《かあ》さんがもし出会《であ》っていなければ、あなたはこの世界《せかい》に誕生《たんじょう》していなかった。そしてあなたのお父《とう》さんのお父《とう》さんとお母《かあ》さん、あなたのお母《かあ》さんのお父《とう》さんとお母《かあ》さんがそれぞれ出会《であ》っていなければ、あなたのお父《とう》さんとお母《かあ》さんはこの世界《せかい》に誕生《たんじょう》していなかった。

この調子《ちょうし》で三十数世代《すうせだい》さかのぼれば、当時《とうじ》の世界《せかい》の人口《じんこう》を超《こ》える数《かず》の人《ひと》たちが、あなたの祖先《そせん》ということになってしまう。つまり、今《いま》のこの世界《せかい》に生《い》きるすべての人《ひと》たちは、共通《きょうつう》の祖先《そせん》を持《も》っているということになる。

もちろん、これはただの計算《けいさん》だ。現実《げんじつ》と違《ちが》う可能性《かのうせい》は大《おお》きい。でも人類学的《じんるいがくてき》な見地《けんち》でも、すべての現生人類《げんせいじんるい》の共通祖先《きょうつうそせん》はアフリカに存在《そんざい》したとするアフリカ単一起源説《たんいつきげんせつ》は、すでに仮説《かせつ》ではなく定説《ていせつ》になっている。

だから僕《ぼく》はあなたに伝《つた》えたい。すべてはつながっている。仏教《ぶっきょう》ではこの思想《しそう》を因果《いんが》と説《と》く。単独《たんどく》で存在《そんざい》するものなどありえない。だから今《いま》もこの国《くに》にある死刑《しけい》という制《せい》度《ど》も、もちろんこの国《くに》に生《い》きているあなたとつながっている。

人《ひと》は優《やさ》しい。そして残虐《ざんぎゃく》だ。善良《ぜんりょう》であり、悪辣《あくらつ》でもある。賢《かしこ》くもあり愚《おろ》かでもある。必《かなら》ず矛盾《むじゅん》している。なぜならつながっているから。単独《たんどく》で存在《そんざい》することなどありえないから。一つの中《なか》にあらゆるものがあり、あらゆるものは一つの中《なか》にあるのだから。

最近《さいきん》は死刑《しけい》を言《い》い渡《わた》す際《さい》の判決文《はんけつぶん》に、「この被告人《ひこくにん》は更生《こうせい》する可能性《かのうせい》がないから死刑《しけい》にするしかない」というようなことを書《か》き込《こ》む裁判官《さいばんかん》が多《おお》いけれど、どうしてそんなことがあなたにわかるのですか？　と僕《ぼく》は聞《き》きたくなる。その判断《はんだん》は法《ほう》を超《こ》えている。まるで神《かみ》の視点《してん》だ。人《ひと》は変《か》わる。変《か》わらない人《ひと》などいない。

死刑《しけい》については、前《まえ》にも書《か》いたように終身刑《しゅうしんけい》を新《あら》たに創設《そうせつ》するとか、制度《せいど》は残《のこ》しながらも執行《しっこう》はしない状況《じょうきょう》を続《つづ》ける（これをモラトリアムという）とか、他《ほか》にもいろいろな論点《ろんてん》がある。でも議論《ぎろん》が足《た》りない。僕《ぼく》はそう思《おも》う。もっと議論《ぎろん》すべきだ。だって誰《だれ》もがこれから裁判員《さいばんいん》に選《えら》ばれる可能性《かのうせい》はあるし、何《なに》よりも僕《ぼく》たち一人一人は、この国《くに》の主権者《しゅけんしゃ》なのだから。

第5章

罰と寛容

厳罰化する世界で

二〇〇九年《ねん》に裁判員制度《さいばんいんせいど》が始《はじ》まってから、もう一〇年以上《ねんいじょう》が過《す》ぎた。二〇二〇年《ねん》の一年間《ねんかん》だけでも、五〇〇〇人以上《にんいじょう》の国民《こくみん》が、裁判員《さいばんいん》に選《えら》ばれている。その裁判員裁判《さいばんいんさいばん》で裁《さば》かれた被告人《ひこくにん》の数《かず》は一〇〇五人《にん》。内訳《うちわけ》を罪名《ざいめい》で分《わ》けてみると、強盗致傷事件《ごうとうちしょうじけん》三〇四人《にん》（三〇・二パーセント）、殺人事件《さつじんじけん》二一七人《にん》（二一・六パーセント）、そして現住《げんじゅう》建造物等放火事件《けんぞうぶつとうほうかじけん》九七人《にん》（九・七パーセント）の順《じゅん》になっている。

いずれもとても深刻《しんこく》な犯罪《はんざい》だ。死刑判決《しけいはんけつ》もかなりあった。自分《じぶん》の判断《はんだん》で人《ひと》が生《い》きるか死《し》ぬかが決《き》まるのだ。夜《よる》も眠《ねむ》れなくなるくらいに悩《なや》んだ裁判員《さいばんいん》は少《すく》なくなかったと思《おも》う。ただし最高裁判所《さいこうさいばんしょ》のホームページでは、審理《しんり》（裁判《さいばん》）の内容《ないよう》について六五・二パーセントの裁判員《さいばんいん》が「わかりやすかった」と回答《かいとう》している。「ドラマなどでよく見《み》る法廷《ほうてい》の場面《ばめん》では、専門用語《せんもんようご》が出《で》てきてわからないところもあるのですが、実際《じっさい》の裁判《さいばん》では、とてもわかりやすいと思《おも》いました」との感想《かんそう》も載《の》せられている。

……読《よ》みながら考《かんが》え込《こ》む。わかりやすくてよいのだろうか。もちろん、「わかりにくい」よりは「わかりやすい」ほうがいいに決《き》まっている。でも誰《だれ》かの人生《じんせい》を決定的《けっていてき》に左右《さゆう》する裁判《さいばん》という場《ば》で、このように「わかりやすさ」ばかりを強調《きょうちょう》されると、そもそも何《なん》のために始《はじ》まった裁判員制度《さいばんいんせいど》なのだろうと首《くび》をひねりたくなる。

裁判員制度《さいばんいんせいど》が始《はじ》まった二〇〇九年《ねん》八月《がつ》、僕《ぼく》はNHKの仕事《しごと》でノルウェーに行《い》った。ヨーロッパのスカンジナビア半島西岸《はんとうせいがん》に位置《いち》する立憲君主制国家《りっけんくんしゅせいこっか》。その番組《ばんぐみ》の目的《もくてき》は、オスロ大学《だいがく》の犯罪学者《はんざいがくしゃ》であるニルス・クリスティに会《あ》って話《はな》すことだった。

日本では二〇〇〇年代《ねんだい》に入《はい》ってから、死刑《しけい》を容認《ようにん》する人《ひと》の割合《わりあい》は八割台《わりだい》で推移《すいい》している。つまり圧倒的《あっとうてき》な賛成多数《さんせいたすう》だ。二〇〇一年《ねん》五月《がつ》には改正少年法《かいせいしょうねんほう》が成立《せいりつ》し、一八・一九歳《さい》の少年《しょうねん》（「特定少年《とくていしょうねん》」として、一七歳以下《さいいか》の少年《しょうねん》と異《こと》なる特例《とくれい》が定《さだ》められた）が起訴《きそ》された場合《ばあい》、刑事裁判《けいじさいばん》で二〇歳以上《さいいじょう》と同《おな》じように扱《あつか》われることになった。罪《つみ》を犯《おか》した人《ひと》に厳《きび》しい罰《ばつ》を与《あた》えようとの日本人《にほんじん》の意識《いしき》は、ますます強《つよ》くなっている。

ただし、厳罰化《げんばつか》そのものは日本《にほん》だけの現象《げんしょう》ではない。二〇〇一年《ねん》にアメリカで起《お》きた同時多発《どうじたはつ》テロ以降《いこう》、アメリカはもちろんイギリスなど他《ほか》の多《おお》くの国《くに》でも、厳罰化《げんばつか》は共通《きょうつう》する現象《げんしょう》となっている（ただし日本《にほん》とは違《ちが》って、アメリカとイギリスは実際《じっさい》に治《ち》安《あん》が悪化《あっか》している）。

例外《れいがい》もある。厳罰化《げんばつか》とは逆《ぎゃく》の寛容化《かんようか》、できるだけ厳《きび》しくない罰《ばつ》を与《あた》えようとする国々《くにぐに》だ。ノルウェーやフィンランド、スウェーデン、デンマークなど北欧諸国《ほくおうしょこく》がその代表《だいひょう》だ。

ずっと不思議《ふしぎ》だった。多《おお》くの国々《くにぐに》が厳罰化《げんばつか》を進《すす》めている現在《げんざい》の状況《じょうきょう》で、これら北欧《ほくおう》の国々《くにぐに》は、なぜ寛容化《かんようか》を進《すす》められるのだろう。

罰の意味

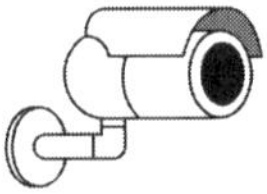

ノルウェーの首都《しゅと》オスロには、監視《かんし》カメラがほとんど見当《みあ》たらなかった。さすがに

コンビニなどの店内《てんない》にはあったけれど。日本《にほん》の街中《まちなか》では当《あ》たり前《まえ》のように見《み》かける「テロ警戒中《けいかいちゅう》」とか「特別警戒実施中《とくべつけいかいじっしちゅう》」などのビラやポスターも見《み》かけない。警察官《けいさつかん》もほとんど見《み》かけない。

ノルウェー国内《こくない》の年間《ねんかん》の殺人事件《さつじんじけん》の平均《へいきん》は、総数《そうすう》で三〇件弱《けんじゃく》。ただしそのほとんどは、結果《けっか》として殺人《さつじん》になってしまった過失致死《かしつちし》や傷害致死《しょうがいちし》だ。最初《さいしょ》から殺意《さつい》があったと裁判《さいばん》で認定《にんてい》された殺人事件《さつじんじけん》は年間《ねんかん》に数件《すうけん》だ。

かつてのノルウェーは、決《けっ》して治安《ちあん》がよいとは言《い》えなかった。そのころは今《いま》よりもはるかに厳《きび》しい罰《ばつ》を受刑者《じゅけいしゃ》に与《あた》えていた。でも治安《ちあん》はまったくよくならなかった。そこでノルウェーは刑罰《けいばつ》の厳罰化《げんばつか》から寛容化《かんようか》に方向《ほうこう》を転換《てんかん》して、その後《ご》に急激《きゅうげき》に治安《ちあん》がよくなったという。その情報《じょうほう》が隣国《りんごく》のスウェーデンやフィンランドに伝《つた》わり、北欧《ほくおう》の寛容化政策《かんようかせいさく》のきっかけになった。

「幼年期《ようねんき》における両親《りょうしん》からの愛情不足《あいじょうぶそく》。成育期《せいいくき》における教育《きょういく》の不足《ふそく》。そして現在《げんざい》の貧《ひん》困《こん》、つまり経済的《けいざいてき》な不足《ふそく》。これらのうちどれか、場合《ばあい》によっては三つすべてが関連《かんれん》しながら、犯罪《はんざい》を起《お》こすほとんどの人《ひと》の背景《はいけい》に存在《そんざい》しています。ならば彼《かれ》らに与《あた》えるべきなのは苦《くる》しみを伴《ともな》う罰《ばつ》ではなく、良好《りょうこう》な環境《かんきょう》と愛情《あいじょう》、そして正《ただ》しい教育《きょういく》です」

ノルウェー法務省《ほうむしょう》で刑務所《けいむしょ》の制度設計《せいどせっけい》に関《かか》わる仕事《しごと》に従事《じゅうじ》するパイクは、僕《ぼく》にそう説明《せつめい》した。

「もちろん、少数《しょうすう》ではあるが、人《ひと》に苦痛《くつう》を与《あた》えることを目的《もくてき》にした犯罪《はんざい》もあります。つまりサイコパスによる犯罪《はんざい》です。彼《かれ》らに罰《ばつ》を与《あた》えても意味《いみ》はない。彼《かれ》らは病気《びょうき》です。ならばこの場合《ばあい》は治療《ちりょう》しなければならない」

他《ほか》のヨーロッパ諸国《しょこく》（ベラルーシを除《のぞ》く）と同様《どうよう》に、ノルウェーに死刑《しけい》はない。終身刑《しゅうしんけい》も廃止《はいし》された。もっとも重《おも》い刑罰《けいばつ》は禁錮《きんこ》二一年《ねん》。どんなに凶悪《きょうあく》な事件《じけん》の加害者《かがいしゃ》だとしても、基本的《きほんてき》にはこれ以上《いじょう》の罰《ばつ》を受《う》けることはない。

ノルウェーの再犯《さいはん》（刑務所《けいむしょ》を出《で》てから再《ふたた》び犯罪《はんざい》を起《お》こすこと）率《りつ》はとても低《ひく》い。刑《けい》期《き》を終《お》えた囚人《しゅうじん》は、住《す》まいと仕事《しごと》が保証《ほしょう》されることが、出所《しゅっしょ》の条件《じょうけん》になる。もしもこの条件《じょうけん》が満《み》たされない場合《ばあい》には、国《くに》が住《す》まいと仕事《しごと》を保証《ほしょう》する。望《のぞ》めば刑務所《けいむしょ》で大学《だいがく》教育《きょういく》までも受《う》けることができるし、仕事《しごと》のための技術《ぎじゅつ》も身《み》につけることができるという。僕《ぼく》はパイクに質問《しつもん》した。

「犯罪者《はんざいしゃ》にそこまで国《くに》の予算《よさん》を使《つか》うことに、国民《こくみん》は不満《ふまん》を持《も》たないのですか」

「最高《さいこう》で二一年《ねん》の刑期《けいき》を終《お》えて着《き》の身着《みき》のままでいきなり世《よ》の中《なか》に放《ほう》り出《だ》されても、結局《けっきょく》はまた犯罪《はんざい》に走《はし》る可能性《かのうせい》が高《たか》い。それは彼《かれ》や彼女《かのじょ》の処遇《しょぐう》のための費用《ひよう》も含《ふく》めて、国《こっ》家《か》にとっては大《おお》きな損失《そんしつ》です。大切《たいせつ》なことは彼《かれ》や彼女《かのじょ》に罰《ばつ》を与《あた》えることではなく、社《しゃ》会《かい》の一員《いん》として再《ふたた》び迎《むか》え入《い》れることです。国民《こくみん》はそれをわかっています。不満《ふまん》などまったくありません」

彼《かれ》の話《はなし》を聞《き》きながら、僕《ぼく》は何度《なんど》もため息《いき》をついていたと思《おも》う。日本《にほん》における受刑者《じゅけいしゃ》の多《おお》くは、刑期《けいき》を終《お》えたら社会《しゃかい》に放《ほう》り出《だ》される。住居《じゅうきょ》や仕事《しごと》の支援《しえん》は、公的《こうてき》にはほとんどない。ならばまた犯罪《はんざい》を起《お》こしてしまうことは当《あ》たり前《まえ》だ。何《なに》もかもが違《ちが》う。

「ニルス・クリスティの提言《ていげん》で刑事罰《けいじばつ》を寛容化《かんようか》したら、実際《じっさい》に彼《かれ》が主張《しゅちょう》するように治《ち》安《あん》がよくなったんです。あとはそのくり返《かえ》し。少《すこ》しずつ寛容化《かんようか》を進《すす》めてきました。理《り》念《ねん》とか理想《りそう》だけではない。実際《じっさい》に利《り》があるのです。だからノルウェーは寛容化《かんようか》を選択《せんたく》しました」

日本《にほん》では、怒《いか》りや憎《にく》しみなどの市民感情《しみんかんじょう》が、裁判《さいばん》の判決《はんけつ》に影響《えいきょう》するようになってきている。でもノルウェーの人たちは、そう考《かんが》えない。犯罪《はんざい》を起《お》こした人《ひと》に欠《か》けているものを補《おぎな》い、社会《しゃかい》の恩恵《おんけい》をできるだけ分《わ》かち合《あ》うことが刑罰《けいばつ》なのだと言《い》う。

モンスターなんていない

パイクに話《はなし》を聞《き》いた翌日《よくじつ》、ニルス・クリスティに会《あ》った。彼《かれ》の案内《あんない》でオスロ市内《しない》の刑務所《けいむしょ》に行《い》き、多《おお》くの受刑者《じゅけいしゃ》たちとランチを食《た》べた。刑務所長《けいむしょちょう》も当《あ》たり前《まえ》のように同《どう》席《せき》してランチを楽《たの》しみながら、受刑者《じゅけいしゃ》たちと冗談《じょうだん》を言《い》い合《あ》っていた。

受刑者《じゅけいしゃ》たちの個室《こしつ》にはテレビやパソコンが置《お》かれていて、プレイステーションでゲームを楽《たの》しむこともできる。共同《きょうどう》のキッチンで受刑者《じゅけいしゃ》たちは自炊《じすい》もできる。外部《がいぶ》との電話連絡《でんわれんらく》は自由《じゆう》だ。外出《がいしゅつ》を認《みと》められてコンビニに買《か》いものに出《で》かける受刑者《じゅけいしゃ》もいる。刑務所内《けいむしょない》には普通《ふつう》の学校《がっこう》や職業訓練校《しょくぎょうくんれんこう》が併設《へいせつ》されている。大《おお》きな図書館《としょかん》もある。受《じゅ》刑者《けいしゃ》と刑務官《けいむかん》たちがグラウンドでサッカーをしていた。受刑者《じゅけいしゃ》たちは年《ねん》に一回休暇《かいきゅうか》を与《あた》えられる。三日《か》から五日《か》くらいが標準《ひょうじゅん》だ。その期間《きかん》は家《いえ》に帰《かえ》ることができる。

これらはすべて、日本《にほん》の刑務所《けいむしょ》では絶対《ぜったい》にありえない。そもそも日本《にほん》の刑務所《けいむしょ》は、簡《かん》単《たん》に取材《しゅざい》などさせてくれない。

オスロの刑務所内《けいむしょない》を唖然《あぜん》としながら歩《ある》く僕《ぼく》に、クリスティは微笑《ほほえ》みながら何度《なんど》も言《い》った。

「ここにモンスターがいたかい？　もしも見《み》つけたなら教《おし》えてくれ。私《わたし》は世界中《せかいじゅう》の刑《けい》務所《むしょ》を視察《しさつ》したけれど、モンスターに出会《であ》ったことはまだ一度《いちど》もないんだ」

「つまり、みんな普通《ふつう》ということですか」

「もちろん。誰《だれ》だって普通《ふつう》です」

国《くに》が出所者《しゅっしょしゃ》に提供《ていきょう》する住宅《じゅうたく》は、一般《いっぱん》の人《ひと》も暮《く》らしている共同住宅《きょうどうじゅうたく》だ。すぐ横《よこ》には幼《よう》稚園《ちえん》があり、多《おお》くの子《こ》どもたちが遊《あそ》んでいた。加害者《かがいしゃ》と被害者《ひがいしゃ》や遺族《いぞく》たちとが、一般《いっぱん》市民《しみん》の立《た》ち会《あ》いのもとに、裁判《さいばん》の前《まえ》に互《たが》いに話《はな》し合《あ》って和解《わかい》の道《みち》を探《さが》し求《もと》めるというシステム（対立調停委員会《たいりつちょうていいいんかい》）も取材《しゅざい》した。

このノルウェーの取材《しゅざい》からもう何年《なんねん》もたつけれど、ずっと考《かんが》え続《つづ》けている。日本《にほん》とノルウェーの刑事司法行政《けいじしほうぎょうせい》（裁判《さいばん》や刑務所《けいむしょ》の仕組《しく》み）がこれほどに違《ちが》う理由《りゆう》を。そして人々《ひとびと》が穏《おだ》やかで優《やさ》しい理由《りゆう》を。寛容《かんよう》を示《しめ》すことで治安《ちあん》がよくなるというメカニズムを。

二〇二〇年《ねん》の日本《にほん》の殺人事件数《さつじんじけんすう》は九二九件《けん》。これに対《たい》してノルウェーの殺人事件数《さつじんじけんすう》は二八件《けん》。この数字《すうじ》を聞《き》いて僕《ぼく》はびっくりしたのだけど、でもノルウェーの人口《じんこう》はおよそ五四〇万人《まんにん》。日本《にほん》の人口《じんこう》一億《おく》二五五〇万人《まんにん》のほぼ二三分《ぶん》の一だ。つまり分母《ぶんぼ》がまったく違《ちが》う。人口《じんこう》一〇万人《まんにん》あたりの発生数《はっせいすう》を比較《ひかく》すれば、ノルウェーは〇・五一、日本《にほん》は〇・七四ということになる。

でも4章《しょう》で書《か》いたように、日本《にほん》の殺人事件認知件数《さつじんじけんにんちけんすう》は、殺人未遂《さつじんみすい》や無理心中《むりしんじゅう》まで入《い》れてしまっている。未遂《みすい》や過失致死《かしつちし》などを除《のぞ》いた国連《こくれん》の犯罪調査統計《はんざいちょうさとうけい》に基《もと》づいたデータ（二〇一八年《ねん》の人口《じんこう》一〇万人《まんにん》あたりの発生率《はっせいりつ》）で見《み》ると、ノルウェー〇・四七、日本は〇・二六。ノルウェーよりも、日本《にほん》のほうが治安《ちあん》はいいということになる。念《ねん》のためほかの先進国《せんしんこく》とも比《くら》べてみよう。圧倒的《あっとうてき》に多《おお》いアメリカは四・九六で、フランス一・二、英国《えいこく》一・二、ドイツは〇・九五だ。

とにかく日本《にほん》の殺人事件《さつじんじけん》は圧倒的《あっとうてき》に少《すく》ない。そして近年《きんねん》は減少傾向《げんしょうけいこう》だ。治安《ちあん》のよさではどちらもトップクラスである日本《にほん》とノルウェーに暮《く》らす人《ひと》の死刑制度《しけいせいど》についての考《かんが》え方《かた》は、罪《つみ》と罰《ばつ》についての思想《しそう》は、犯罪《はんざい》を起《お》こした人《ひと》に対《たい》しての意識《いしき》は、ここまで書《か》いてきたようにまったく違《ちが》う。

……その理由《りゆう》を、僕《ぼく》はずっと考《かんが》えている。あなたにも考《かんが》えてほしい。

暴力のあとで

　クリスティに会《あ》った二年後《ねんご》の二〇一一年《ねん》七月《がつ》二二日《にち》、ノルウェーで連続《れんぞく》テロ事件《じけん》が起《お》きた。実行犯《じっこうはん》は一人。名前《なまえ》はアンネシュ・ブライヴィーク。移民《いみん》を積極的《せっきょくてき》に受《う》け入《い》れるノルウェーの政策《せいさく》に反対《はんたい》する国粋主義者《こくすいしゅぎしゃ》のブライヴィークは、まずは行政庁舎《ぎょうせいちょうしゃ》を爆破《ばくは》して八人《にん》を殺害《さつがい》し、その日《ひ》のうちにフェリーでウトヤ島《とう》に渡《わた》って銃《じゅう》を乱射《らんしゃ》して、サマーキャンプに参加《さんか》していた六九人《にん》の少年少女《しょうねんしょうじょ》を殺害《さつがい》した。治安《ちあん》のよいノルウェーで起《お》きたこの事件《じけん》は世界的《せかいてき》なニュースになって、日本《にほん》でも大《おお》きく報道《ほうどう》された。

　事件《じけん》の二日後《かご》、取材当時《しゅざいとうじ》ノルウェーを案内《あんない》してくれた奈良伊久子《ならいくこ》さんからメールが届《とど》いた。

森《もり》さんにとって、今回《こんかい》のテロ事件《じけん》はとても大《おお》きなショックだったのでは、と推察《すいさつ》します。もちろんノルウェー人《じん》にとっても、自国《じこく》で起《お》こった事件《じけん》とはとても思《おも》えないという反応《はんのう》がほとんどです。あまりにも大《おお》きな事件《じけん》で、今《いま》はノルウェー全体《ぜんたい》がまひしているような状態《じょうたい》ですが、暴力《ぼうりょく》・テロ反対《はんたい》の運動《うんどう》は強化《きょうか》されています。オスロで森《もり》さんがお会《あ》いした（法務省《ほうむしょう》の）パイクのパートナー（ノルウェーでシェア一位《い》のタブロイド紙《し》VGの編集長《へんしゅうちょう》）も、紙面《しめん》で暴力反対《ぼうりょくはんたい》キャンペーンを展開《てんかい》しています。つまり「テロに対《たい》しては暴力《ぼうりょく》では立《た》ち向《む》かわない」という姿勢《しせい》です。すでに大勢《おおぜい》の人《ひと》たちが賛《さん》同《どう》しつつあります。

この事件直後《じけんちょくご》に日本《にほん》の一部《いちぶ》のメディアで、ノルウェーで死刑《しけい》が復活《ふっかつ》、との報道《ほうどう》も

あった（誤報《ごほう》だったようだ）。僕《ぼく》は奈良《なら》さんに、申《もう》し訳《わけ》ないけれど日々《ひび》の動《うご》きを知《し》らせてほしい、とお願《ねが》いした。その後《ご》に彼女《かのじょ》から送《おく》られてきたメールを、以下《いか》に順不同《じゅんふどう》で引用《いんよう》する。

オスロは治安《ちあん》が悪《わる》いわけでもなく、犯罪《はんざい》が増加《ぞうか》していたわけでもありません。今《いま》のところ私《わたし》の周囲《しゅうい》では、厳罰化《げんばつか》や死刑復活《しけいふっかつ》などは、話題《わだい》にも出《で》ていません。「暴力《ぼうりょく》やテロを絶対《ぜったい》に許《ゆる》さない」と同時《どうじ》に、「暴力《ぼうりょく》に対して暴力《ぼうりょく》で立《た》ち向《む》かうべきではない」という世相《せそう》は、まったく揺《ゆ》らいでいないと感《かん》じています。

事件《じけん》から三日後《かご》のＶＧ紙《し》に、娘《むすめ》を失《うしな》いかけた父親《ちちおや》の手紙《てがみ》が掲載《けいさい》されました。その一部《いちぶ》を以下《いか》に引用《いんよう》します。

「憎《にく》しみをばらまき混乱《こんらん》を力《ちから》で世界《せかい》に広《ひろ》めようとする人間《にんげん》が、勝利《しょうり》してはならない。亡《な》くなった人々《ひとびと》のためにできることは、ノルウェーの民主主義《みんしゅしゅぎ》は暴力《ぼうりょく》に決《けっ》して屈《くっ》しないことを示《しめ》すことだ。不安《ふあん》や憎《にく》しみ、怒《いか》りに盲目《もうもく》になってはならない。それこそが彼《かれ》らの望《のぞ》むことだからだ」

事件翌日《じけんよくじつ》の二三日《にち》、ウトヤ島《とう》の殺戮現場《さつりくげんば》に、犯人《はんにん》であるブライヴィークの母親《ははおや》が花《はな》を捧《ささ》げに来《き》ました。遺族《いぞく》たちは静《しず》かに母親《ははおや》の献花《けんか》を見守《みまも》ったようです。罵声《ばせい》を浴《あ》びせる人《ひと》などいませんでした。新聞《しんぶん》のインタビューを受《う》けた後《あと》、母親《ははおや》は何事《なにごと》もなく帰《かえ》ったようです。

ノルウェーは落《お》ち着《つ》いた、というか、通常《つうじょう》の生活《せいかつ》に一刻《いっこく》も早《はや》く戻《もど》すことが、テロへの報復《ほうふく》になるという感《かん》じで、みんながんばっています。

もちろん事件直後《じけんちょくご》には、ノルウェー人《じん》も動揺《どうよう》し、怒《いか》り、悲《かな》しみました。イスラム過激派《かげきは》の犯行《はんこう》と憶測《おくそく》されていた時期《じき》には、肌《はだ》が黒《くろ》いというだけで罵声《ばせい》を浴《あ》びせられた人《ひと》たちもいました。乱射事件《らんしゃじけん》については、「あの現場《げんば》に自分《じぶん》がいて、武器《ぶき》を持《も》っていたら犯人《はんにん》を殺《ころ》していたかもしれない」と言《い》う友人《ゆうじん》もいます（そしてそう思《おも》った自分《じぶん》に悩《なや》んでいたりします）。犯人《はんにん》の初出廷《はつしゅってい》のときには多数《たすう》の人《ひと》がオスロ地方裁判所前《ちほうさいばんしょまえ》に集《あつ》まり、怒《いか》りを見《み》せずには気《き》が済《す》まないという雰囲気《ふんいき》が満《み》ち満《み》ちていました。

当然《とうぜん》の反応《はんのう》だからこそ、これ以上《いじょう》の社会不安《しゃかいふあん》が生成《せいせい》されないように、ストルテンベルグ首相《しゅしょう》は「さらに民主主義《みんしゅしゅぎ》と人道主義《じんどうしゅぎ》を推進《すいしん》し、開《ひら》かれた社《しゃ》会《かい》を作《つく》ることがテロへの回答《かいとう》だ」との声明《せいめい》を出《だ》しました。

どれほどに残虐《ざんぎゃく》な行為《こうい》を為《な》そうが（あるいはだからこそ）人道的《じんどうてき》に対応《たいおう》し、民主主義《みんしゅしゅぎ》をさらに推進《すいしん》するという思《おも》いが、今《いま》のノルウェー人《じん》を支《ささ》える力《ちから》になっています。静《しず》かに平和的《へいわてき》にですが、今《いま》の社会《しゃかい》を変《か》えたいとの犯人《はんにん》のメッセージを、断固《だんこ》として拒否《きょひ》しているのです。

ノルウェーの大学生からのメール

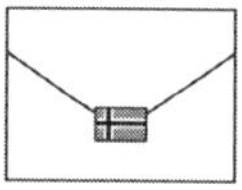

厳罰化《げんばつか》について僕《ぼく》は、とても強《つよ》い違和感《いわかん》を持《も》っている。死刑《しけい》は廃止《はいし》すべきだと思《おも》っている。でもこれは僕《ぼく》の意見《いけん》。あなたの意見《いけん》は違《ちが》うかもしれない。それならそれでいい。でもよく見《み》よう。知《し》ろう。そして考《かんが》えよう。人《ひと》が人《ひと》を裁《さば》くとはどういうことか。裁《さば》かれる人《ひと》たちはどんな人《ひと》たちなのか。そして自分《じぶん》の意見《いけん》を持《も》とう。周囲《しゅうい》ともし違《ちが》うのなら、「自分《じぶん》の意見《いけん》は違《ちが》います」と言葉《ことば》に出《だ》してみよう。

あなたたちがそんな視点《してん》を持《も》ったとき、この国《くに》の裁判員制度《さいばんいんせいど》も、初《はじ》めて意味《いみ》のある制度《せいど》になるはずだ。憎《にく》しみや報復《ほうふく》だけでなく、もう少《すこ》しだけ多《おお》くの人《ひと》が優《やさ》しく安心《あんしん》できる社会《しゃかい》が、きっと実現《じつげん》するはずだ。

犯行直後《はんこうちょくご》に身柄《みがら》を拘束《こうそく》されたブライヴィークの裁判《さいばん》は、事実関係《じじつかんけい》をまったく争《あらそ》わなかったので迅速《じんそく》に進行《しんこう》し、二〇一二年《ねん》八月《がつ》に結審《けっしん》した。判決《はんけつ》は禁錮《きんこ》で最低《さいてい》一〇年《ねん》から最高《さいこう》二一年《ねん》。つまりノルウェーは自分《じぶん》たちの原則《げんそく》を変《か》えなかった。二〇一五年《ねん》、ブライヴィークはオスロ大学《だいがく》への入学《にゅうがく》を希望《きぼう》し、大学《だいがく》と法務省《ほうむしょう》はこれを認《みと》めた。七七人《にん》を殺害《さつがい》した彼《かれ》は、今《いま》は服役囚《ふくえきしゅう》であると同時《どうじ》に、政治学《せいじがく》を学《まな》ぶ大学生《だいがくせい》だ。

最後《さいご》に、テロがあった当時《とうじ》、大阪《おおさか》で大学《だいがく》に通《かよ》っていたノルウェー人《じん》の女性《じょせい》が僕《ぼく》に送《おく》ってくれたメールの一部《ぶ》も紹介《しょうかい》する。じっくり読《よ》んで、そしていろいろ考《かんが》えてほしい。悩《なや》んでほしい。焦《あせ》る必要《ひつよう》はない。考《かんが》え悩《なや》むことが、きっと道《みち》を照《て》らしてくれるはずだから。

ノルウェーには死刑《しけい》がない。人間《にんげん》は苦《くる》しみを与《あた》えられてはならず、その命《いのち》が他《ほか》の目的《もくてき》に利用《りよう》される存在《そんざい》ではあってはならないと考《かんが》えるからです。今《いま》も死刑《しけい》を行《おこな》っている国《くに》は、（幼《おさな》い子《こ》どもたちも含《ふく》めて）すべての国民《こくみん》に、「殺人《さつじん》で問題《もんだい》は解決《かいけつ》する」というメッセージを与《あた》え続《つづ》けていることになります。これはまちがっています。犯罪者《はんざいしゃ》の命《いのち》を奪《うば》っても犯罪《はんざい》は撲滅《ぼくめつ》できません。残《のこ》された憎《にく》しみと悲《かな》しみが増《ふ》えるばかりです。ノルウェーに死刑《しけい》がないことを、私《わたし》はノルウェー人《じん》として誇《ほこ》りに思《おも》っています。

事件後《じけんご》にストルテンベルグ首相《しゅしょう》が、ノルウェー在住《ざいじゅう》のイスラム系《けい》の人々《ひとびと》と共《とも》にモスクで「多様性《たようせい》は花開《はなひら》く」と語《かた》ったとき、そして「この民主主義《みんしゅしゅぎ》の核心《かくしん》への攻撃《こうげき》がかえって民主主義《みんしゅしゅぎ》を強《つよ》くするのだ」と語《かた》ったとき、私《わたし》は本当《ほんとう》に誇《ほこ》らしく思《おも》いました。これこそがノルウェーだ、これは忘《わす》れてはならないこと、そして変《か》えてはいけないこと、そう思《おも》ったのです。

首相《しゅしょう》の姿勢《しせい》は、大多数《だいたすう》、いえ、ほとんどのノルウェー人《じん》の思《おも》いの反映《はんえい》です。ノルウェー国民《こくみん》は今《いま》、なによりも共《とも》に手《て》を取《と》り、互《たが》いの肩《かた》にすがって泣《な》き、こんな攻撃《こうげき》に連帯《れんたい》を弱《よわ》めさせまいとしているのです。当日《とうじつ》は島《しま》にいて生《い》き残《のこ》った女《おんな》の子《こ》が事件後《じけんご》にインタビューで、「一人の人間《にんげん》がこれだけ憎《にく》しみを見《み》せることができたのです。ならば私《わたし》たちみんなが一緒《いっしょ》になれば、どれだけの愛《あい》を見《み》せることができるでしょう」と語《かた》っています。私《わたし》の友人《ゆうじん》たちも知《し》り合《あ》いも、みな同《おな》じ態度《たいど》で臨《のぞ》むと言《い》っています。この事件《じけん》によって、ノルウェー社会《しゃかい》を変《か》えてはいけないのです。犯人《はんにん》が望《のぞ》んだのは、まさに私《わたし》たちの社会《しゃかい》を変《か》えることなのだから。彼《かれ》の望《のぞ》みを叶《かな》えさせてはいけない。これが重要《じゅうよう》なのです。だから死刑復活《しけいふっかつ》などあってはならない。これはノルウェー人《じん》の一般的《いっぱんてき》な見解《けんかい》です。

犯人《はんにん》の政治的姿勢《せいじてきしせい》についてですが、彼《かれ》はノルウェーの政策《せいさく》の中《なか》でも、特《とく》に移民政策《いみんせいさく》に反対《はんたい》する極右思想《きょくうしそう》の持《も》ち主《ぬし》です。ノルウェーの移民政策《いみんせいさく》は非《ひ》常《じょう》にリベラルで、毎年数千《まいとしすう》もの市民権申《しみんけんもう》し込《こ》みが承認《しょうにん》されています。そのために私《わたし》たちの社会《しゃかい》は、複数文化社会《ふくすうぶんかしゃかい》となっています。

私《わたし》も、また他《ほか》のほとんどのノルウェー人《じん》も、これをよいことと思《おも》っています。社会《しゃかい》の多様性《たようせい》は、他者《たしゃ》や異文化《いぶんか》に対《たい》しての寛容《かんよう》さを作《つく》り出《だ》します。イスラム教《きょう》はノルウェーではキリスト教《きょう》に次《つ》ぐ大《おお》きな宗教《しゅうきょう》で、信者《しんじゃ》は七万《まん》九〇〇〇人《にん》といわれます。（中略《ちゅうりゃく》）民族的《みんぞくてき》にノルウェー人《じん》ではないノルウェー国民《こくみん》も、同《おな》じノルウェー人《じん》とみなされています。私《わたし》が子《こ》どもの頃《ころ》は、それに対《たい》して特《とく》に何《なに》も考《かんが》えてはいませんでした。ノルウェーに住《す》んでいる人《ひと》はみなノルウェー人《じん》だと、当《あ》たり前《まえ》のように思《おも》っていたのです。今《いま》になって、ノルウェーはやや特異《とくい》な立《たち》場《ば》にあるのだとわかってきました。日本《にほん》はこの点《てん》において、ノルウェーとは対極《たいきょく》の位置《いち》にあります。市民権《しみんけん》を得《え》ることはとても難《むずか》しいし、取《と》れたとしても、日本人《にほんじん》としてはなかなか扱《あつか》ってもらえません。

ノルウェーでは移民《いみん》たちの習慣《しゅうかん》や日常《にちじょう》を、できるかぎり尊重《そんちょう》します。例《たと》えばイスラム系《けい》の生徒《せいと》が望《のぞ》めば、学校給食《がっこうきゅうしょく》にハラル（イスラム教徒《きょうと》が口《くち》にすることを許《ゆる》された食材《しょくざい》）を使《つか》うことが普通《ふつう》です。こうした政策《せいさく》に反対《はんたい》する人《ひと》も、（きわめて少数派《しょうすうは》ですが）存在《そんざい》します。こんなことを許《ゆる》し続《つづ》ければ、しまいにはノルウェーの社会《しゃかい》や文化《ぶんか》が変《か》わってしまうと彼《かれ》らは主張《しゅちょう》します。でもこれは完全《かんぜん》に間違《まちが》っています。出自《しゅつじ》が異《こと》なる文化《ぶんか》の人《ひと》たちに、多数派《たすうは》である私《わたし》たちが合《あ》わせる努力《どりょく》をすべきなのです。ノルウェー国民《こくみん》は決《けっ》して器用《きよう》ではありません。だからこそ私《わたし》たちは努力《どりょく》しなくてはならないし、この制度《せいど》を大切《たいせつ》にしていかなくてはなりません。そして移民《いみん》としてやってきた人々《ひとびと》も、私《わたし》たちの社会《しゃかい》に溶《と》け込《こ》めるように努力《どりょく》しています。これは相互《そうご》の責任《せきにん》です。

ノルウェーはとても小《ちい》さな国《くに》です。今回《こんかい》のテロ事件《じけん》の衝撃《しょうげき》や影響《えいきょう》が、とても大《おお》きいことは確《たし》かです。でもノルウェーは変《か》わりません。こんなときこそ支《ささ》え合《あ》い、テロに対抗《たいこう》するために連帯《れんたい》を強《つよ》め、民主主義《みんしゅしゅぎ》を確固《かっこ》なものにしていかなくてはなりません。システムは効果的《こうかてき》に動《うご》いていて、ほとんどの人々《ひとびと》がその恩恵《おんけい》を受《う》けています。これを変《か》えるなど、あってはならないことなのです。

二〇一一年《ねん》八月《がつ》四日《か》、大阪《おおさか》にて　ノルウェーの一九歳《さい》、S・M

一三人の大量執行

*引用中《いんようちゅう》の数字《すうじ》については二〇一一年《ねん》のもの

ノルウェーの連続《れんぞく》テロ事件《じけん》から七年《ねん》が過《す》ぎた二〇一八年《ねん》七月《がつ》六日《か》の朝《あさ》、僕《ぼく》は新幹線《しんかんせん》に乗《の》っていた。目的地《もくてきち》は京都《きょうと》だ。でもこの日《ひ》の西日本《にしにほん》は未曽有《みぞう》の豪雨《ごうう》だった。新幹線《しんかんせん》は何度《なんど》も停《と》まる。腕《うで》の時計《とけい》を気《き》にしながらやきもきしていたとき、ポケットの中《なか》のスマホが鳴《な》った。知《し》り合《あ》いの新聞記者《しんぶんきしゃ》だった。その電話《でんわ》で、オウム真理教《しんりきょう》の教祖《きょうそ》だった麻原彰晃《あさはらしょうこう》と元幹部《もとかんぶ》の計《けい》七人《にん》が、その朝《あさ》に処刑《しょけい》されたことを知《し》った。沈黙《ちんもく》した僕《ぼく》に記者《きしゃ》はコメントを求《もと》めた。僕《ぼく》は答《こた》えられない。ただ呆然《ぼうぜん》としていた。残《のこ》りのオウム死刑囚《しけいしゅう》も、すぐに処刑《しょけい》されるはずだ。

僕《ぼく》は、総計《そうけい》で一三人《にん》いる死刑囚《しけいしゅう》のうち六人《にん》と、何度《なんど》も面会《めんかい》を重《かさ》ねながら手紙《てがみ》のやり取《と》りを続《つづ》けていた。つまり僕《ぼく》は、六人《にん》の知《し》り合《あ》いを一気《いっき》に失《うしな》うことになる。事故《じこ》や病《びょう》気《き》ではない。六人《にん》は（処刑《しょけい》とはいえ）殺害《さつがい》されるのだ。何《なに》を言《い》えばいいのか、何《なに》を言《い》うべきなのか、衝撃《しょうげき》でまったく頭《あたま》が働《はたら》かなかった。

このようなことを書《か》けば、被害者遺族《ひがいしゃいぞく》の気持《きも》ちは気《き》にしないのか、と必《かなら》ず言《い》われる。あなたもそう思《おも》うだろうか。もちろん被害者遺族《ひがいしゃいぞく》の気持《きも》ちは最大限《さいだいげん》に配慮《はいりょ》されるべきだ。そんなことは言《い》うまでもない。でも考《かんが》えてほしい。加害者《かがいしゃ》にも家族《かぞく》がいる。処刑《しょけい》された彼《かれ》らには妻《つま》がいた。子《こ》どもがいた。父《ちち》や母《はは》もいた。

つまりこの日《ひ》、新《あら》たに多《おお》くの遺族《いぞく》が生《う》まれたのだ。確《たし》かに、最初《さいしょ》に遺族《いぞく》を生《う》んだのは加害者《かがいしゃ》の行《おこな》いだ。でも次《つぎ》に遺族《いぞく》を生《う》んだのは、国家《こっか》を形成《けいせい》する主権者《しゅけんしゃ》であり、死刑《しけい》制度《せいど》を追認《ついにん》している僕《ぼく》たちの意思《いし》だ。遺族《いぞく》の気持《きも》ちを最優先《さいゆうせん》するならば、なぜ新《あら》たな遺族《いぞく》を増《ふ》やすのか、それについては何《なに》も考《かんが》えないのか、僕《ぼく》にはそれがわからない。

一審《しん》だけで死刑《しけい》が確定《かくてい》した麻原《あさはら》もこの日《ひ》に処刑《しょけい》されたことで、地下鉄《ちかてつ》サリン事件《じけん》は犯行《はんこう》の理由《りゆう》や動機《どうき》がわからないまま、強制終了《きょうせいしゅうりょう》させられてしまった。麻原《あさはら》の弟子《でし》として処刑《しょけい》された一二人《にん》の実行犯《じっこうはん》たちは、なぜ、どのような過程《かてい》で選《えら》ばれたのか。これも実《じつ》はよくわかっていない。彼《かれ》らを選《えら》んだ麻原《あさはら》が説明《せつめい》していない。説明《せつめい》のないままに処《しょ》刑《けい》が行《おこな》われた。

彼《かれ》らのうち六人《にん》に僕《ぼく》は何度《なんど》も会《あ》った。手紙《てがみ》のやり取《と》りも続《つづ》けた。普通《ふつう》の男《おとこ》たちだ。むしろ普通以上《ふついじょう》に優《やさ》しくて誠実《せいじつ》で、善良《ぜんりょう》な人《ひと》たちだ。その彼《かれ》らが、なぜこれほどに凶悪《きょうあく》な事件《じけん》を起《お》こしたのか。何《なに》をどのようにまちがえたのか。そして事件《じけん》を指示《しじ》した（とされる）麻原《あさはら》は、なぜこれほどに凶悪《きょうあく》で凶暴《きょうぼう》な犯行《はんこう》を思《おも》いついたのか。そうした要素《ようそ》を解明《かいめい》しないかぎり、オウム真理教事件《しんりきょうじけん》は終《お》わらない。

かつて、死刑囚《しけいしゅう》たちと面会《めんかい》していたころ（死刑囚《しけいしゅう》は確定《かくてい》したら面会《めんかい》も手紙《てがみ》のやり取《と》りもできなくなる）、いま僕《ぼく》の目《め》の前《まえ》でにこにことほほえむ彼《かれ》が、被害者《ひがいしゃ》の話《はなし》になればじっと黙《だま》り込《こ》んでうつむく彼《かれ》が、なぜあれほどに多《おお》くの人《ひと》を殺《ころ》したのか、時《とき》おりわからなくなった。考《かんが》えてもわからない。目《め》の前《まえ》にいる彼《かれ》と、凶悪《きょうあく》な事件《じけん》がどうしても結《むす》びつかない。

虐殺者の素顔

だからそのころ、ナチスドイツが多《おお》くのユダヤ人《じん》などを虐殺《ぎゃくさつ》したアウシュビッツ・ビルケナウ強制収容所《きょうせいしゅうようじょ》に行《い》ったり、クメール・ルージュ（カンボジアの反政府組織《はんせいふそしき》）の足跡《あしあと》を追《お》って、カンボジアの首都《しゅと》プノンペンにあった処刑場《しょけいじょう》のキリングフィールドに行《い》ったりもした。

ナチスドイツのホロコーストでは六〇〇万人《まんにん》と言《い》われるユダヤ人《じん》たちが虐殺《ぎゃくさつ》された。そしてポル・ポト率《ひき》いるクメール・ルージュは、一九七〇年代半《ねんだいなか》ばに政権《せいけん》を握《にぎ》ったあと、一〇〇万人《まんにん》を超《こ》えると言《い》われる自国民《じこくみん》を殺害《さつがい》した。

では当時《とうじ》のナチス兵士《へいし》や親衛隊員《しんえいたいいん》たちは、あるいはクメール・ルージュの兵士《へいし》たちは、みな残虐《ざんぎゃく》で冷酷《れいこく》な人間《にんげん》だったのだろうか。ベトナム戦争《せんそう》においても多《おお》くの米軍兵《べいぐんへい》士《し》が村《むら》を焼《や》き払《はら》い、ベトナムの女性《じょせい》や子《こ》どもたちを虐殺《ぎゃくさつ》した。多《おお》くの人《ひと》を殺害《さつがい》するイスラム過激派《かげきは》のアルカイーダやISなどテロ組織《そしき》の存在《そんざい》は、今《いま》も大《おお》きな国際問題《こくさいもんだい》だ。

外国《がいこく》で起《お》きた事例《じれい》だけではない。第二次世界大戦《だいにじせかいたいせん》において大日本帝国陸軍《だいにほんていこくりくぐん》の兵士《へいし》たちは、多《おお》くのアジアの国々《くにぐに》で、たくさんの人《ひと》を一方的《いっぽうてき》に殺害《さつがい》した。でもその兵士《へいし》たちも家《いえ》に帰《かえ》れば、優《やさ》しいお父《とう》さんだったり、親孝行《おやこうこう》な息子《むすこ》だったはずだ。関東大震災《かんとうだいしんさい》のときには、何《なん》百人《にん》もの在日朝鮮人《ざいにちちょうせんじん》たちが殺害《さつがい》された。殺害《さつがい》に加《くわ》わったのは兵士《へいし》や警官《けいかん》ではなく、竹槍《たけやり》や鍬《くわ》や鋤《すき》を持《も》った普通《ふつう》の市民《しみん》たちだった。

何《なん》百万《まん》ものユダヤ人《じん》を収容所《しゅうようじょ》に送《おく》った責任者《せきにんしゃ》であるアドルフ・アイヒマン（最終階級《さいしゅうかいきゅう》はナチスの親衛隊中佐《しんえいたいちゅうさ》）は、ドイツが敗戦《はいせん》したあとアルゼンチンに逃亡《とうぼう》し、名前《なまえ》を変《か》えて家族《かぞく》と共《とも》に生活《せいかつ》していた。戦後《せんご》にユダヤ人《じん》たちが建国《けんこく》したイスラエルの諜報機関《ちょうほうきかん》が、アイヒマンと疑《うたが》われる男《おとこ》を尾行《びこう》していたけれど、本人《ほんにん》であるかどうかの確証《かくしょう》がどうしてもつかめない。ところがある日《ひ》、仕事帰《しごとがえ》りに男《おとこ》は花屋《はなや》に寄《よ》った。妻《つま》の好《す》きなアスターの花《はな》を買《か》うためだった。尾行《びこう》していた工作員《こうさくいん》たちはその瞬間《しゅんかん》に、その男《おとこ》がアイヒマンであることを確信《かくしん》した。なぜならその日《ひ》は、アイヒマン夫妻《ふさい》の結婚記念日《けっこんきねんび》だったのだ。子《こ》どもを愛《あい》し、結婚記念日《けっこんきねんび》には妻《つま》に花《はな》を買《か》う男《おとこ》は、同時《どうじ》にユダヤ人大量虐《じんたいりょうぎゃく》殺《さつ》に手《て》を染《そ》めていた男《おとこ》でもあった。

生《う》まれつき残虐《ざんぎゃく》で冷酷《れいこく》な人《ひと》はいない。これは僕《ぼく》の結論《けつろん》。犯罪《はんざい》には理由《りゆう》がある。そして人《ひと》は、帰属《きぞく》する集団《しゅうだん》の中《なか》で、いくつかの条件《じょうけん》が設定《せってい》されれば、優《やさ》しくて善良《ぜんりょう》なまま、とても残虐《ざんぎゃく》で冷酷《れいこく》な行為《こうい》を行《おこな》うことができる生《い》きものだ。

語られなかった言葉

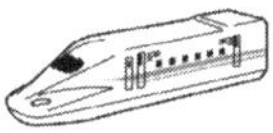

オウムの死刑囚《しけいしゅう》六人《にん》が処刑《しょけい》された日《ひ》、豪雨《ごうう》で新幹線《しんかんせん》はずいぶん遅《おく》れたけれど、ぎりぎりで京都《きょうと》の講演会場《こうえんかいじょう》に着《つ》くことができた。講演《こうえん》が終《お》わってから、一人の年配《ねんぱい》の女性《じょせい》が話《はな》しかけてきた。

「私《わたし》は昔《むかし》、熊本《くまもと》の盲学校《もうがっこう》でボランティアをしていて、子《こ》ども時代《じだい》の松本智津夫《まつもとちづお》（麻原《あさはら》彰晃《しょうこう》の本名《ほんみょう》）くんも覚《おぼ》えています」

熊本県八代市《くまもとけんやつしろし》に、松本智津夫《まつもとちづお》は五男《なん》二女《じょ》の四男《なん》として生《う》まれている。父親《ちちおや》は畳職人《たたみしょくにん》。幼《おさな》い頃《ころ》から目《め》が悪《わる》かった彼《かれ》は、小学校《しょうがっこう》二年生《ねんせい》のときに、全寮制《ぜんりょうせい》の盲学校《もうがっこう》に入学《にゅうがく》させられている。かつて僕《ぼく》は、その学校《がっこう》を訪《たず》ねて当時《とうじ》の担任《たんにん》にインタビューしたけれど、この女性《じょせい》には初《はじ》めて会《あ》った。

「どんな子《こ》どもでしたか」

そう訊《たず》ねる僕《ぼく》に、彼女《かのじょ》は「智津夫《ちづお》くんは家《いえ》が貧《まず》しかったため、週末《しゅうまつ》に両親《りょうしん》が面会《めんかい》に来《く》ることもほぼなかったし、多《おお》くの子《こ》どもたちのように帰省《きせい》することも（お金《かね》がないため）できず、寮《りょう》に一人ポツンと残《のこ》っていました」と答《こた》えた。

「たまたま私《わたし》が週末《しゅうまつ》に行《い》くと、嬉《うれ》しそうに駆《か》け寄《よ》ってきました。私《わたし》の記憶《きおく》はそれだけです。世間《せけん》では一片《いっぺん》の同情《どうじょう》の余地《よち》もない極悪人《ごくあくにん》だけど、私《わたし》の記憶《きおく》では、甘《あま》えん坊《ぼう》の可《か》愛《わい》い子《こ》どもです。その智津夫《ちづお》くんが今日《きょう》、殺《ころ》されました」

そう言《い》ってから、女性《じょせい》はうつむいて黙《だま》り込《こ》んだ。肩《かた》が静《しず》かに震《ふる》えている。僕《ぼく》は何《なに》も言《い》えなかった。

麻原《あさはら》は一審裁判中《しんさいばんちゅう》に奇妙《きみょう》な言動《げんどう》をとるようになり、弁護士《べんごし》も含《ふく》めて周囲《しゅうい》と意思《いし》の疎《そ》通《つう》ができなくなった。本来《ほんらい》ならこの段階《だんかい》で、精神鑑定《せいしんかんてい》を行《おこな》うべきだったと僕《ぼく》は思《おも》う。でもこのとき、麻原《あさはら》のこの状態《じょうたい》は、死刑《しけい》を逃《のが》れるための「詐病《さびょう》」（精神病《せいしんびょう》を装《よそお》うこと）なのだと主張《しゅちょう》する人《ひと》がたくさんいた。結局《けっきょく》のところ精神鑑定《せいしんかんてい》は行《おこな》われないまま、麻原《あさはら》の一審死刑判決《しんしけいはんけつ》は確定《かくてい》した。その後《ご》、弁護団《べんごだん》の要請《ようせい》で鑑定《かんてい》は行《おこな》われたけれど、詐病《さびょう》であることを前提《ぜんてい》に、それを強調《きょうちょう》するためだけの鑑定《かんてい》だった。

そうなってしまった理由《りゆう》はわかる。もしもこのとき、麻原《あさはら》は心神耗弱《しんしんこうじゃく》（精神障《せいしんしょう》がいのため善悪《ぜんあく》の判断《はんだん》や行動《こうどう》の制御《せいぎょ》ができない状態《じょうたい》。刑法《けいほう》に基《もと》づき減刑《げんけい》の対象《たいしょう》となる）だから、裁判《さいばん》は一旦停止《いったんていし》して治療《ちりょう》させなければならない、などと鑑定医《かんていい》や裁判官《さいばんかん》が主張《しゅちょう》したら、その瞬間《しゅんかん》に日本中《にほんじゅう》から、「麻原《あさはら》の味方《みかた》をするのか」と、彼《かれ》らは激《はげ》しく批判《ひはん》されていただろう。だから正当《せいとう》な鑑定《かんてい》をしなかった。できなかった。つまり2章《しょう》で説明《せつめい》したデュー・プロセス（適正《てきせい》な手続《てつづ》き）が、麻原《あさはら》の裁判《さいばん》ではほとんど守《まも》られなかった。もちろん、この国《くに》に死刑制度《しけいせいど》があるかぎり、あれほどに大《おお》きな事件《じけん》の首謀者《しゅぼうしゃ》である麻原《あさはら》が、死刑判決《しけいはんけつ》を免《まぬが》れることは相当《そうとう》に難《むずか》しいと僕《ぼく》も思《おも》う。でもだからといって、司法《しほう》における手続《てつづ》きを省略《しょうりゃく》したり、捏造《ねつぞう》したりすることが、許《ゆる》されるはずはない。

アイヒマンは自《みずか》らが裁《さば》かれる法廷《ほうてい》で、「なぜユダヤ人《じん》をこれほど無慈悲《むじひ》に殺害《さつがい》する行為《こうい》に加担《かたん》したのか」と何度《なんど》も質問《しつもん》されたが、答《こた》えはいつも「私《わたし》は命令《めいれい》に従《したが》っただけ」だった。他《ほか》の証言《しょうげん》はほとんどない。イスラエルは死刑制度《しけいせいど》を持《も》たない国《くに》だが、唯一《ゆいいつ》の例外《れいがい》としてアイヒマンを処刑《しょけい》した。

「命令《めいれい》に従《したが》っただけだ」は言《い》い訳《わけ》なのだろうか。あるいは意味《いみ》などない戯言《たわごと》なのだろうか。僕《ぼく》にはそうは思《おも》えない。なぜホロコーストのような大量虐殺《たいりょうぎゃくさつ》が起《お》きてしまったのかを考《かんが》えるうえで、この言葉《ことば》は重要《じゅうよう》なヒントになる。アイヒマンとしては、嘘《うそ》をついているつもりもなく、言《い》い訳《わけ》でもなかったはずだ。彼《かれ》は本当《ほんとう》にそう思《おも》っていたのだろう。そしてこれは、虐殺《ぎゃくさつ》が起《お》きるときの普遍的《ふへんてき》な現象《げんしょう》なのかもしれない。「それは私《わたし》の意志《いし》ではない」「周《まわ》りに合《あ》わせたのだ」「命令《めいれい》されたのだ」「やらなければ自分《じぶん》が殺《ころ》される」。こうして人《ひと》は人《ひと》を殺《ころ》す。優《やさ》しいままで。

もしも麻原《あさはら》を治療《ちりょう》して、裁判《さいばん》で自分《じぶん》の言葉《ことば》を語《かた》らせていれば、アイヒマンの言葉《ことば》のように、僕《ぼく》たちが学《まな》ぶ意味《いみ》のある証言《しょうげん》を聞《き》けたかもしれない。でもこの国《くに》の国民《こくみん》と司《し》法《ほう》とメディアは、その選択《せんたく》を拒絶《きょぜつ》した。結果《けっか》としてオウム事件《じけん》は、多《おお》くの人《ひと》に不安《ふあん》や恐怖《きょうふ》の記憶《きおく》を強《つよ》く刷《す》りこんだまま、一三人《にん》の処刑《しょけい》という形《かたち》で終了《しゅうりょう》した。最悪《さいあく》の幕引《まくひ》きだと僕《ぼく》は思《おも》う。でもある意味《いみ》で仕方《しかた》がない。それは国民《こくみん》の願望《がんぼう》でもあるのだから。

変化しつつあるアメリカ　3/38

二〇二一年《ねん》一月《がつ》、中央《ちゅうおう》アジアのカザフスタンが死刑廃止《しけいはいし》を宣言《せんげん》（死刑廃止条約《しけいはいしじょうやく》を批《ひ》准《じゅん》）した。これで、旧《きゅう》ソ連諸国《れんしょこく》で現在《げんざい》も死刑制度《しけいせいど》を残《のこ》すのは、二〇年以上《ねんいじょう》死刑執行《しけいしっこう》がないことで、（法《ほう》は残《のこ》っているが）実質的《じっしつてき》な廃止国《はいしこく》とみなされているロシアを別《べつ》にして、独裁国家《どくさいこっか》のベラルーシとタジキスタンの二カ国《こく》だけになった。

4章《しょう》で書《か》いたとおり、OECDに加盟《かめい》している三八の先進国《せんしんこく》のうち、死刑制度《しけいせいど》を今《いま》も存置《そんち》している国《くに》は、韓国《かんこく》とアメリカ、そして日本《にほん》だけだ。ただし、韓国《かんこく》はロシアと同様《どうよう》に実質的《じっしつてき》な廃止国《はいしこく》であり、アメリカは五〇ある州《しゅう》のうち二三の州《しゅう》ですでに廃止《はいし》され、三つの州《しゅう》では執行《しっこう》を停止《ていし》している。

国民《こくみん》の多《おお》くが合法的《ごうほうてき》に銃《じゅう》を持《も》つアメリカは、当然《とうぜん》ながら治安《ちあん》が悪《わる》い。刑務所《けいむしょ》に収容《しゅうよう》されている受刑者《じゅけいしゃ》の総数《そうすう》は、二〇一九年《ねん》で約《やく》二三〇万人《まんにん》。これは世界《せかい》の受刑者《じゅけいしゃ》の五分《ぶん》の一であり、アメリカ総人口《そうじんこう》の〇・七パーセントだ。黒人《こくじん》やヒスパニック系《けい》ではこの割合《わりあい》がさらに上《あ》がる。親戚《しんせき》のうち必《かなら》ず数人《すうにん》は、刑務所《けいむしょ》にいるという計算《けいさん》になる。

一九九〇年代《ねんだい》、アメリカでは治安悪化《ちあんあっか》への対策《たいさく》として、多数《たすう》の州《しゅう》で三振《さんしん》（スリーストライクス・アンド・ユー・アー・アウト）法《ほう》が導入《どうにゅう》された。変《へん》な名前《なまえ》だ。でもふざけているわけではない。重《おも》い罪《つみ》の前科《ぜんか》が二つ以上《いじょう》あって、さらに三度目《どめ》の有罪判決《ゆうざいはんけつ》を受《う》けた場合《ばあい》、それがどんなに小《らい》さな罪《つみ》（微罪《びざい》）であっても、その瞬間《しゅんかん》にアウトを宣告《せんこく》される。具体的《ぐたいてき》には二五年以上《ねんいじょう》の懲役《ちょうえき》か終身刑《しゅうしんけい》。ズボンを一枚盗《まいぬす》んだだけで終身刑《しゅうしんけい》。これがアメリカの現実《げんじつ》だった。

ところが二〇二〇年《ねん》、トランプとの選挙戦《せんきょせん》を制《せい》して大統領《だいとうりょう》になったバイデンは、選《せん》挙期間中《きょきかんちゅう》にこの三振法《さんしんほう》など一部《いちぶ》の法律《ほうりつ》を「誤《あやま》りだった」と認《みと》めた（彼自身《かれじしん》が、三振法《さんしんほう》を含《ふく》む一九九四年《ねん》の犯罪法《はんざいほう》を起草《きそう》した本人《ほんにん》だったのだ）。大統領選《だいとうりょうせん》の公約《こうやく》には死刑廃《しけいはい》止《し》も掲《かか》げていた。もしもバイデン大統領《だいとうりょう》が公約《こうやく》どおりに連邦政府《れんぽうせいふ》の死刑廃止《しけいはいし》を実行《じっこう》した場合《ばあい》、OECD加盟国《かめいこく》において日本《にほん》は、最後《さいご》の死刑存置国《しけいそんちこく》になる。

二〇〇九年《ねん》三月《がつ》に死刑《しけい》を廃止《はいし》したニューメキシコ州《しゅう》のビル・リチャードソン知事《ちじ》（当《とう》時《じ》）は、自分《じぶん》は強《つよ》い死刑存置派《しけいそんちは》だったと僕《ぼく》に言《い》った。でも知事《ちじ》になってから、冤罪《えんざい》がいかに多《おお》いかを知《し》り、どんなに改善《かいぜん》を重《かさ》ねてもまちがいを防《ふせ》ぐことはできないと考《かんが》えて、廃止《はいし》の署名《しょめい》に踏《ふ》み切《き》った。そう説明《せつめい》したあとに彼《かれ》は、「日本《にほん》はこのままでは世界《せかい》で唯一《ゆいいつ》の死刑存置国《しけいそんちこく》になりますよ」と笑《わら》ってからウィンクした。もちろん半分《はんぶん》はジョークだと思《おも》うけれど、半分《はんぶん》は本気《ほんき》だろう。

4章《しょう》でもふれたように、世界《せかい》の国《くに》のうち七割《わり》は死刑《しけい》を廃止《はいし》している。さらに近年《きんねん》は、死刑制度《しけいせいど》を残《のこ》す国《くに》でも執行数《しっこうすう》が減少《げんしょう》している。二〇二〇年《ねん》一年間《ねんかん》で死刑《しけい》を執行《しっこう》したのは一八カ国《こく》だけだった。

同《おな》じ存置国《そんちこく》でも、情報《じょうほう》を徹底《てってい》して公開《こうかい》するアメリカはずっと悩《なや》み続《つづ》けている。死刑《しけい》囚《しゅう》に苦痛《くつう》を与《あた》えている可能性《かのうせい》があるとして絞首刑《こうしゅけい》は廃止《はいし》され、電気椅子《でんきいす》や薬物注射《やくぶつちゅうしゃ》にモラトリアムなど処刑方法《しょけいほうほう》は変遷《へんせん》している。

しかし日本《にほん》は悩《なや》まない。情報《じょうほう》が公開《こうかい》されないからだ。多《おお》くの日本国民《にほんこくみん》は世界《せかい》の四分《ぶん》の三が死刑《しけい》を廃止《はいし》していることすら知《し》らない。

日本《にほん》の内閣府《ないかくふ》による世論調査《よろんちょうさ》では、死刑《しけい》を支持《しじ》する人《ひと》は四回連続《かいれんぞく》で八〇パーセント超《ご》え。五年《ねん》おきの調査《ちょうさ》だから、もう二〇年《ねん》、八割《わり》を超《こ》す人々《ひとびと》が死刑《しけい》を支持《しじ》している。

ただし最新《さいしん》の調査《ちょうさ》では、支持《しじ》する人《ひと》たちのうち「将来《しょうらい》も死刑《しけい》を廃止《はいし》しない」に賛同《さんどう》した人《ひと》は五四・四パーセント、「(状況《じょうきょう》が変《か》われば)将来的《しょうらいてき》には廃止《はいし》してもよい」に三九・九パーセントが賛同《さんどう》した。データを細《こま》かく見《み》ていけば、特《とく》にこの数年《すうねん》で風向《かざむ》きが微妙《びみょう》に変《か》わっていることがわかる。

死刑《しけい》が必要《ひつよう》であることの理由《りゆう》が国民《こくみん》のあいだでしっかりと共有《きょうゆう》されているのなら、

たとえ最後《さいご》の存置国《そんちこく》になったとしても死刑制度《しけいせいど》を手放《てばな》すべきではないだろう。でも僕《ぼく》は、死刑制度《しけいせいど》をめぐって多《おお》くの人《ひと》に話《はなし》を聞《き》き、日本《にほん》だけではなく海外《かいがい》の刑務所《けいむしょ》や裁判所《さいばんしょ》なども取材《しゅざい》したけれど、死刑《しけい》が必要《ひつよう》であるとの理由《りゆう》をいまだに見《み》つけることができずにいる。

ただし廃止《はいし》すべきと考《かんが》える理由《りゆう》は、ずっと変《か》わらない。

どんな状況《じょうきょう》であっても、人《ひと》は抵抗《ていこう》できない人《ひと》を殺《ころ》すべきではない。

これに対抗《たいこう》できる論理《ろんり》に、僕《ぼく》はまだ出会《であ》えていない。これだけ探《さが》したのに。ならば結論《けつろん》は明《あき》らかだ。もしもキッチンでセントバーナード犬《けん》を発見《はっけん》できないのなら、セントバーナード犬《けん》はどこかに隠《かく》れているのではなく、キッチンにはいないと考《かんが》えるべきなのだ。つまり死刑制度《しけいせいど》を維持《いじ》しなければいけない理由《りゆう》は存在《そんざい》しない。これは僕《ぼく》の結論《けつろん》だ。

大《おお》きな事件《じけん》や災害《さいがい》が起《お》きると、人《ひと》は不安《ふあん》と恐怖《きょうふ》を強《つよ》く呼《よ》び起《お》こされて、一人でいることが怖《こわ》くなる。多《おお》くの人《ひと》は、集団《しゅうだん》の一部《ぶ》になって安心《あんしん》を得《え》ようとする。ただし集団《しゅうだん》は一人一人に同《おな》じであることを求《もと》めるようになり、異《こと》なる人《ひと》を排除《はいじょ》しようとする。排除《はいじょ》する理由《りゆう》は、実《じつ》のところ何《なん》でもいい。思想《しそう》・信条《しんじょう》（ものの見方《みかた》や信《しん》じていること）、髪《かみ》の色《いろ》や話《はな》す言葉《ことば》、信仰《しんこう》や支持《しじ》する政党《せいとう》。こうした違《ちが》いを見《み》つけて、集団《しゅうだん》の多数《たすう》派《は》は少数派《しょうすうは》を選別《せんべつ》し、さらに同質《どうしつ》な集団《しゅうだん》になろうとする。

こうして集団化《しゅうだんか》と分断化《ぶんだんか》の同時並行《どうじへいこう》が進行《しんこう》する。

このとき集団《しゅうだん》は、グループ内《ない》の人々《ひとびと》に同《おな》じ動《うご》きを強要《きょうよう》する。つまり同調圧力《どうちょうあつりょく》だ。そしてこのとき、集団内部《しゅうだんないぶ》で起《お》きることの一つが、情報《じょうほう》の簡略化《かんりゃくか》だ。

つまりわかりやすさ。わかりやすく語《かた》られることで、複雑《ふくざつ》なはずの世界《せかい》が単純《たんじゅん》な対《たい》立概念《りつがいねん》にまとめられる。それは正義《せいぎ》か悪《あく》か。敵《てき》か味方《みかた》か。トゥルース（真実《しんじつ》）かフェイク（虚偽《きょぎ》）か。そして加害《かがい》か被害《ひがい》か。

発達《はったつ》したメディアによって（今《いま》なら特《とく》にＳＮＳで）、単純化《たんじゅんか》はさらに加速《かそく》する。なぜならばその方《ほう》がテレビの視聴率《しちょうりつ》は上《あ》がり、ネットのアクセス数《すう》が伸《の》びるからだ。こうして単純化《たんじゅんか》された正義《せいぎ》や真実《しんじつ》がふりかざされ、わかりやすい悪《あく》や虚偽《きょぎ》は、問答無用《もんどうむよう》で非難《ひなん》すべき対象《たいしょう》となる。

遺族《いぞく》の感情《かんじょう》に応《こた》えることと、冤罪《えんざい》の問題《もんだい》を考《かんが》えること。それは決《けっ》して対立《たいりつ》することではない。どちらも可能《かのう》なかぎり尊重《そんちょう》すればいい。つまり加害者《かがいしゃ》の人権《じんけん》への配慮《はいりょ》は、被《ひ》害者《がいしゃ》の人権《じんけん》を損《そこ》なうことと同義《どうぎ》ではない。

そもそも人権《じんけん》とは、生《い》きている人《ひと》に帰属《きぞく》する。被害者《ひがいしゃ》はもうこの世界《せかい》にいない。もちろん故人《こじん》ではあっても、名誉《めいよ》や尊厳《そんげん》は守《まも》らねばならない。これを損《そこ》なうことは許《ゆる》されない。それは当《あ》たり前《まえ》。でも過去《かこ》は取《と》り戻《もど》せない。僕《ぼく》たちは過去《かこ》に生《い》きていない。今《いま》もこの世界《せかい》では多《おお》くの人《ひと》が苦《くる》しんでいる。助《たす》けを求《もと》めている。故人《こじん》の尊厳《そんげん》を守《まも》ると同《どう》時《じ》に、現在《げんざい》の人権《じんけん》を尊重《そんちょう》するべきだと僕《ぼく》は思《おも》う。

人権《じんけん》はすべての人《ひと》が生《う》まれながらに持《も》っていて、どんな状況《じょうきょう》であっても、決《けっ》して侵《おか》してはならない普遍的《ふへんてき》な権利《けんり》なのだから。

あとがき

二〇二一年《ねん》一一月《がつ》六日《か》、東京《とうきょう》の京王線電車内《けいおうせんでんしゃない》で映画《えいが》「ジョーカー」の主人公《しゅじんこう》に似《に》たコスチュームを着《き》て殺人未遂事件《さつじんみすいじけん》を起《お》こした二四歳《さい》の容疑者《ようぎしゃ》は、動機《どうき》について「人《ひと》を殺《ころ》して死刑《しけい》になりたかった」と供述《きょうじゅつ》している、と報道《ほうどう》された。その二日《か》後《ご》、九州新幹線《きゅうしゅうしんかんせん》の車内《しゃない》で床《ゆか》に火《ひ》をつけて放火未遂《ほうかみすい》の疑《うたが》いで逮捕《たいほ》された六九歳《さい》の容疑者《ようぎしゃ》は、「京王線《けいおうせん》の事件《じけん》をまねて自殺《じさつ》しようとした」などと述《の》べているという。その翌日《よくじつ》である一一月《がつ》九日《か》、宮城県登米市《みやぎけんとめし》のこども園《えん》に刃物《はもの》を持《も》った三一歳《さい》の男《おとこ》が侵入《しんにゅう》して逮捕《たいほ》され、「小《ちい》さな子《こ》どもを殺《ころ》して死刑《しけい》になるためにやった」と供述《きょうじゅつ》している。

この三つの事件《じけん》に共通《きょうつう》することは、事件《じけん》の動機《どうき》に死刑制度《しけいせいど》が見《み》え隠《かく》れしているということ。

でもだからといって、死刑《しけい》がなければ事件《じけん》は起《お》きなかったと考《かんが》えるのは、ちょっと早計《そうけい》だと僕《ぼく》は思《おも》う。死刑《しけい》になりたいと考《かんが》える彼《かれ》らは、今《いま》の社会《しゃかい》や制度《せいど》にとても追《お》いつめられていた。ならば仮《かり》に死刑制度《しけいせいど》がなくても、何《なん》らかの事件《じけん》は起《お》きていたかもしれない。やっぱり新幹線内《しんかんせんない》で、二〇一八年《ねん》に一人を殺害《さつがい》して二人に傷《きず》を負《お》わせた当時《とうじ》二二歳《さい》の男《おとこ》は、一審判決《いっしんはんけつ》で無期懲役《むきちょうえき》を言《い》い渡《わた》されたとき、「控訴《こうそ》しません。万歳三唱《ばんざいさんしょう》します」と言《い》ってから万歳《ばんざい》をくり返《かえ》した。彼《かれ》は子《こ》どものころからずっと、刑務所《けいむしょ》に入《はい》ることが夢《ゆめ》だったという。

この四つの事件《じけん》だけではなく、罰《ばつ》を受《う》けることを目的《もくてき》とした事件《じけん》が最近《さいきん》は増《ふ》えている。つまり「罪《つみ》と罰《ばつ》」の概念《がいねん》が揺《ゆ》らいでいる。刑罰《けいばつ》が犯罪《はんざい》の抑止《よくし》として有効《ゆうこう》に機能《きのう》していないことは確《たし》かだ。

いずれにせよ、こうした事件《じけん》について考《かんが》えるべき最優先《さいゆうせん》の問題《もんだい》は、被害者《ひがいしゃ》やその遺族《いぞく》の救済《きゅうさい》と同時《どうじ》に、社会《しゃかい》から追《お》いつめられたり取《と》り残《のこ》されたり、生《い》きる希望《きぼう》をなくしたりしている人《ひと》たちがこれほどに多《おお》い今《いま》の状況《じょうきょう》を変《か》えることだ。

でもそれは容易《ようい》ではない。経済《けいざい》や福祉《ふくし》、格差《かくさ》や分配《ぶんぱい》などを含《ふく》めて、日本《にほん》の政治《せいじ》を大《おお》きく変《か》えなければならない。少《すこ》しずつ進《すす》めるしかない。でも死刑制度《しけいせいど》をなくすことは、手続《てつづ》きとしては、決《けっ》して面倒《めんどう》でも難《むずか》しくもないはずだ。

僕《ぼく》が最初《さいしょ》に会《あ》った死刑囚《しけいしゅう》は、元《もと》オウム真理教《しんりきょう》の幹部信者《かんぶしんじゃ》だった。透明《とうめい》なアクリル板越《ばんご》しに会《あ》った彼《かれ》は、森《もり》さん初《はじ》めまして、とほほえみながら頭《あたま》を下《さ》げた。それからずっと（もう二〇年近《ねんちか》く）、僕《ぼく》は死刑制度《しけいせいど》について考《かんが》え続《つづ》けている。二〇一八年《ねん》、彼《かれ》は他《ほか》の一二人のオウム死刑囚《しけいしゅう》と一緒《いっしょ》に処刑《しょけい》された。もうこの世界《せかい》にいない。

この二〇年《ねん》のあいだに死《し》んだ知人《ちじん》や親《しん》せきは少《すく》なくない。そのほとんどは病気《びょうき》や事故《じこ》だ。例外《れいがい》は彼《かれ》ら死刑囚《しけいしゅう》。彼《かれ》らは死《し》んだのではなく殺《ころ》された。それも合法的《ごうほうてき》に。社会《しゃかい》の総意《そうい》として。

ずっと考《かんが》えてきた。今《いま》も考《かんが》えている。そのうえで書《か》くけれど、やっぱり僕《ぼく》は死刑制度《しけいせいど》を廃止《はいし》すべきだと思《おも》う。理由《りゆう》は本文《ほんぶん》にも書《か》いたように、人《ひと》は無抵抗《むていこう》の人《ひと》を殺《ころ》すべきではない、と思《おも》うから。過去《かこ》に人《ひと》が殺《ころ》されたことを理由《りゆう》に現在《げんざい》や未来《みらい》の殺人《さつじん》を肯定《こうてい》できないから。生《い》きる価値《かち》がない人《ひと》など存在《そんざい》しないと思《おも》うから。

時《とき》おり言《い》われる。世界《せかい》では今《いま》も多《おお》くのテロや紛争《ふんそう》や内戦《ないせん》が続《つづ》いている。貧困《ひんこん》ゆえの飢《う》えや疫病《えきびょう》の犠牲者《ぎせいしゃ》も後《あと》を絶《た》たない。この二〇年《ねん》だけにかぎっても、その犠牲者数《ぎせいしゃすう》は何百万人《なんまんにん》（もしかしたら一〇〇〇万人《まんにん》を超《こ》えているかも）に達《たっ》するはずだけど、この国《くに》で処刑《しょけい》された人《ひと》の数《かず》は一〇〇人《にん》に達《たっ》してはいない。死刑《しけい》囚《しゅう》の命《いのち》を救《すく》えと力説《りきせつ》するならば、もっと他《ほか》のことをすべきではないかと。

確《たし》かにそうだ、と思《おも》った時期《じき》もある。でも死刑制度《しけいせいど》から目《め》を離《はな》すことができない。その理由《りゆう》の一つは、人《ひと》を殺《ころ》すことを容認《ようにん》して賛同《さんどう》する社会《しゃかい》が視野《しや》にあるからだ。そんな社会《しゃかい》は絶対《ぜったい》に選択《せんたく》をまちがえていると思《おも》うからだ。そして僕《ぼく》もあなたも、その社会《しゃかい》を構成《こうせい》する一人であるからだ。

ノルウェーの寛容化政策《かんようかせいさく》のキーパーソンであるニルス・クリスティは、

二〇一五年《ねん》に逝去《せいきょ》した。オスロ刑務所《けいむしょ》などいろんな施設《しせつ》を案内《あんない》しながらクリスティは、今度《こんど》は秋《あき》に来《き》なさい、と僕《ぼく》に何度《なんど》も言《い》った。キノコがおいしいよ。ブルーベリーも。一緒《いっしょ》にとろう。

ノルウェーやフィンランド、スウェーデンなど刑罰《けいばつ》の寛容化政策《かんようかせいさく》をとる北欧《ほくおう》では、誰《だれ》もが自由《じゆう》に森《もり》に入《はい》ってキノコや木《き》の実《み》などを許可《きょか》なくとることができる自然享受権《しぜんきょうじゅけん》が認《みと》められている。もしも日本《にほん》なら、ここは国有地《こくゆうち》だとか俺《おれ》の土地《とち》に勝手《かって》に入《はい》るなとか私《わたし》のマツタケよなどと大騒《おおさわ》ぎになるだろう。

ノルウェーだけではなく、フィンランドとスウェーデンにも何度《なんど》か行《い》った。多《おお》くの人《ひと》に会《あ》った。みなとても優《やさ》しい。何《なん》て言《い》うのかな。ゆとりがある。道《みち》がわからなくなって地図《ちず》を広《ひろ》げて立《た》ち止《ど》まっただけで、多《おお》くの人《ひと》たちが周《まわ》りに集《あつ》まってきて道《みち》を教《おし》えてくれる。何《なん》とも言《い》えない開放感《かいほうかん》がある。

人《ひと》を憎《にく》むことや殺《ころ》すことを拒否《きょひ》した社会《しゃかい》の形《かたち》がここにある。もちろん、北欧《ほくおう》のこうした雰囲気《ふんいき》が、死刑制度《しけいせいど》がないことだけに由来《ゆらい》しているとは思《おも》わない。

でも大《おお》きな要因《よういん》であることは間違《まちが》いないと思《おも》う。

クリスティにもう一回会《いっかいあ》いたかった。一緒《いっしょ》にキノコ狩《が》りをしたかった。とても残念《ざんねん》だ。そのクリスティの言葉《ことば》を最後《さいご》に記《しる》す。

「私《わたし》は世界中《せかいじゅう》の刑務所《けいむしょ》を訪《たず》ねた。日本《にほん》にも何度《なんど》も行《い》った。多《おお》くの犯罪者《はんざいしゃ》に会《あ》った。でもモンスターに会《あ》ったことは一度《いちど》もない。モンスターは一人もいない。私《わたし》が会《あ》っていないだけなのだろうか。そうは思《おも》えない。モンスターはいない。みな人間《にんげん》だ。まずはそこから考《かんが》えよう」

二〇二一年一一月一五日　森　達也

本書は『きみが選んだ死刑のスイッチ』
（二〇〇九年、理論社刊。
二〇一一年、イースト・プレス刊〔増補〕）を
改題、加筆、改筆したものです。

《参考文献》（第1章）『不思議の国のアリス』
（ルイス・キャロル作／脇明子訳、岩波少年文庫、
二〇〇〇年）

《協力》法テラス埼玉法律事務所、村木一郎氏

森達也（もり・たつや）

1956年広島県生まれ。映画監督・作家・明治大学特任教授。98年、オウム真理教のドキュメンタリー映画「A」を公開。2001年、続編「A2」が山形国際ドキュメンタリー映画祭で審査員特別賞、市民賞を受賞。11年に『A3』が講談社ノンフィクション賞を受賞。著書に『放送禁止歌』『死刑』『いのちの食べかた』『フェイクニュースがあふれる世界に生きる君たちへ』『U　相模原に現れた世界の憂鬱な断面』他多数。

ぼくらの時代の罪と罰

増補新版　きみが選んだ死刑のスイッチ

2021年12月10日　第1刷発行
2022年 5月27日　第2刷発行

著　者 ―――― 森達也

カバー・本文イラスト ―― 三井ヤスシ

ブックデザイン ―――― わたなべひろこ（Hiroko Book Design）

発行者 ―――― 中野葉子

発行所 ―――― ミツイパブリッシング

〒078-8237 北海道旭川市豊岡7条4丁目4-8
トヨオカ7·4ビル　3F-1
電話 050-3566-8445
E-mail : hope@mitsui-creative.com
http://www.mitsui-publishing.com

印刷・製本 ―――― モリモト印刷

ISBN : 978-4-907364-24-3 C0095